Knut Harms, Nils Kauerauf, Jörn Menne, Reinhard Meyer, Bernd Sanders, Ingo Schaub, Christian Schmidt, Sarah Siebertz, Daniel Wischer, Eike Witkowski

Herausgeber: Jörn Menne, Christian Schmidt

Fachoberschule Wirtschaft und Verwaltung – Schwerpunkt Wirtschaft

Berufsbezogener Bereich – Klasse 11

Arbeitsheft

2. Auflage

Bestellnummer 63024

Bildungsverlag EINS
westermann

Die in diesem Produkt gemachten Angaben zu Unternehmen (Namen, Internet- und E-Mail-Adressen, Handelsregistereintragungen, Bankverbindungen, Steuer-, Telefon- und Faxnummern und alle weiteren Angaben) sind i.d.R. fiktiv, d.h., sie stehen in keinem Zusammenhang mit einem real existierenden Unternehmen in der dargestellten oder einer ähnlichen Form. Dies gilt auch für alle Kunden, Lieferanten und sonstigen Geschäftspartner der Unternehmen wie z.B. Kreditinstitute, Versicherungsunternehmen und andere Dienstleistungsunternehmen. Ausschließlich zum Zwecke der Authentizität werden die Namen real existierender Unternehmen und z.B. im Fall von Kreditinstituten auch deren IBANs und BICs verwendet.

Die in diesem Werk aufgeführten Internetadressen sind auf dem Stand zum Zeitpunkt der Drucklegung. Die ständige Aktualität der Adressen kann vonseiten des Verlages nicht gewährleistet werden. Darüber hinaus übernimmt der Verlag keine Verantwortung für die Inhalte dieser Seiten.

service@bv-1.de
www.bildungsverlag1.de

Bildungsverlag EINS GmbH
Ettore-Bugatti-Straße 6-14, 51149 Köln

ISBN 978-3-427-**63024**-1

westermann GRUPPE

© Copyright 2017: Bildungsverlag EINS GmbH, Köln
Das Werk und seine Teile sind urheberrechtlich geschützt. Jede Nutzung in anderen als den gesetzlich zugelassenen Fällen bedarf der vorherigen schriftlichen Einwilligung des Verlages.
Hinweis zu § 52a UrhG: Weder das Werk noch seine Teile dürfen ohne eine solche Einwilligung eingescannt und in ein Netzwerk eingestellt werden. Dies gilt auch für Intranets von Schulen und sonstigen Bildungseinrichtungen.

Vorwort

Das vorliegende **Arbeitsheft** ist eine ideale Ergänzung zu der entsprechenden Lehrbuchreihe – es kann aber auch mit anderen Büchern eingesetzt werden.

Die Umsetzung des **problem- und handlungsorientierten** Unterrichts mit **Lernsituationen** wird erheblich erleichtert: Ausgewählte Einstiegssituationen aus dem Lehrbuch werden aufgenommen, durch zusätzliche Arbeitsaufträge und methodische Hinweise ergänzt und in eine klare unterrichtliche Struktur überführt. Für einen **schüleraktivierenden Unterricht**, der auch Formen des **kooperativen Lernens** unterstützt. So wird das vom Lehrplan geforderte Lernen in **vollständigen Lernhandlungen** gestützt und die Ausarbeitung der **didaktischen Jahresplanung** erleichtert.

Für die didaktische Jahresplanung enthalten die Lehrkräfte zudem Dokumentationsvorlagen, die – ebenso wie die Verlaufspläne zu den Lernsituationen – als Word-Datei auch unter BuchPlusWeb abrufbar sind (www.bildungsverlag1.de/buchplusweb). In Form und Inhalt orientieren sich diese Dokumentationen an den Vorgaben des Niedersächsischen Landesinstituts für schulische Qualitätsentwicklung (NLQ)[1]. Sie nehmen problemhaltige Situationsbeschreibungen, Kompetenzbeschreibungen, Hinweise zur didaktisch-methodischen Grundausrichtung, Zeitrichtwerte sowie Hinweise zu Medien und Materialien usw. unmittelbar auf.

An die Lernsituationen schließen sich übersichtliche und anregende Übungen zu zentralen Begriffen und Zusammenhängen des jeweiligen Lerngebietes an. So erhalten die Schülerinnen und Schüler ergänzend zum Lehrbuch zahlreiche Möglichkeiten, ihr neu erworbenes Wissen anzuwenden und zu festigen.

Mit dem Arbeitsheft wird die häufig so schwierige Dokumentation von Lern- und Arbeitsergebnissen sichergestellt, sodass die individuelle Lernberatung, die Lernerfolgskontrolle und die Leistungsbewertung erleichtert werden.

Hinweis zur Nutzung des Lehrerhandbuches

Bei den Lernsituationen finden die Nutzer des Arbeitsbuches Symbole, die eine Empfehlung hinsichtlich einer geeigneten Sozialform darstellen:

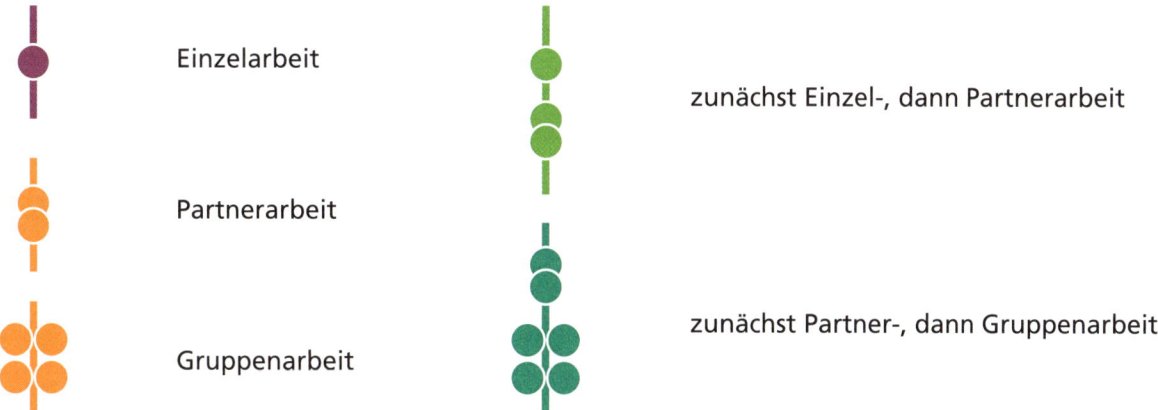

Die Farben unterscheiden sich nach der jeweiligen Phase der Lernhandlung.

---

[1] Vgl. www.nibis.de/nibis3/uploads/2nlq-a2/files/bHO-Gesamtkonzept.pdf, Abruf am 20.06.2014.

© Bildungsverlag EINS GmbH

Inhaltsverzeichnis

Vorwort	3

LERNGEBIET 11.1 — Unternehmen in ihren Strukturen und Prozessen darstellen und vergleichen

Lernsituation 1: Sie erkunden das Unternehmensleitbild und die Unternehmensziele der Bürodesign GmbH	7
Übung 1.1: Interessengruppen und ihre Ziele	12
Übung 1.2: Die betriebliche Leistungserstellung	13
Übung 1.3: Die Unternehmensorganisation	16
Übung 1.4: Geschäftsprozessmodellierung	20
Übung 1.5: Geschäftsprozesse analysieren	21
Übung 1.6: Geschäftsprozesse optimieren	24
Übung 1.7: Ereignisgesteuerte Prozessketten (EPK) erstellen	25
Lernsituation 2: Sie präsentieren den eigenen Praktikumsbetrieb	28
Übung 2.1: Shareholder- und Stakeholderansatz vergleichen	33
Lernsituation 3: Sie klären die unterschiedlichen Kaufmannseigenschaften ...	34
Übung 3.1: Die Firma	37
Übung 3.2: Das Handelsregister	39
Übung 3.3: Die Rechtsform der Unternehmung	42
Lernsituation 4: Sie berücksichtigen die Rechts- und Geschäftsfähigkeit beim Zustandekommen von Verträgen	45
Übung 4.1: Arten von Rechtsgeschäften	49
Übung 4.2: Vertragsarten	50
Übung 4.3: Vertragsfreiheit und Form der Rechtsgeschäfte beachten	50
Übung 4.4: Nichtigkeit und Anfechtbarkeit von Rechtsgeschäften darstellen	51
Übung 4.5: Vertragsrecht am Beispiel des Kaufvertrags	52
Übung 4.6: Inhalte des Kaufvertrags	53
Lernsituation 5: Sie untersuchen die Allgemeinen Geschäftsbedingungen	54
Lernsituation 6: Sie bearbeiten eine Nicht-rechtzeitig-Lieferung kunden- und kostenorientiert	60
Übung 6.1: Schlechtleistung (mangelhafte Lieferung)	65
Übung 6.2: Käuferrechte bei einer Schlechtleistung	67
Übung 6.3: Nicht-rechtzeitig-Zahlung	67

LERNGEBIET 11.2 — Unternehmensbezogene Informationen computergestützt verarbeiten

Lernsituation 1: Sie verwenden eine Software zur Erstellung einer Präsentation	69
Lernsituation 2: Sie nutzen Tabellenkalkulationen zur Unterstützung betriebswirtschaftlicher Prozesse	75
Übung 2.1: Grundrechenarten	83

© Bildungsverlag EINS GmbH

Übung 2.2:	Benutzerdefinierte Formate und bedingte Formatierung	84
Übung 2.3:	Einfache Funktionen	85
Übung 2.4:	Zählenwenn und Summewenn	86
Übung 2.5:	Ein Diagramm mit einem Tabellenkalkulationsprogramm erstellen	87
Lernsituation 3:	**Sie argumentieren für die Wahl eines ERP-Systems**	**89**
Übung 3.1:	Der Aufbau des ERP-Systems	98
Übung 3.2:	Wettbewerbsfähigkeit und ERP-Systeme	99

LERNGEBIET 11.3 Werte und Wertströme unter Einsatz einer integrierten ERP-Software erfassen, darstellen und auswerten

Lernsituation 1:	**Sie beschreiben Aufgaben und Aufgabenbereiche des Rechnungswesens**	**100**
Übung 1.1:	Das Rechnungswesen als Informations-, Kontroll- und Steuerungssystem	102
Übung 1.2:	Soll-Ist-Vergleiche im Rechnungswesen	103
Lernsituation 2:	**Sie planen eine Inventur, führen diese durch und werten sie aus**	**104**
Übung 2.1:	Ein Inventar erstellen	109
Übung 2.2:	Inventare vergleichen und auswerten	111
Lernsituation 3:	**Sie leiten eine Bilanz aus dem Inventar ab und werten diese aus**	**113**
Übung 3.1:	Aussagen zur Bilanz überprüfen	117
Übung 3.2:	Die Bedeutung verschiedener Belege	118
Übung 3.3:	Wirkungen der Geschäftsfälle auf die Bilanz	120
Übung 3.4:	Erfassung von Veränderungen des Vermögens und der Schulden auf Bestandskonten	122
Lernsituation 4:	**Sie erfassen Belege systematisch im Grund- und Hauptbuch**	**124**
Übung 4.1:	Vom Kontenrahmen zum Kontenplan	131
Übung 4.2:	Zusammengesetzte Buchungssätze	132
Übung 4.3:	Erfolgswirksame Geschäftsfälle	134
Übung 4.4:	Eine Lernübersicht erstellen – Das System der Bestands- und Erfolgskonten	135
Übung 4.5:	Erfolgswirksame Vorgänge erfassen und den Erfolg ermitteln	135
Übung 4.6:	Das Wesen der Umsatzsteuer	144
Übung 4.7:	Stufen des Wertschöpfungsprozesses mit Vorsteuerabzug	145
Übung 4.8:	Umsatzsteuer ermitteln, abführen und buchen	146
Übung 4.9:	Materialbestandsveränderungen berechnen und buchen	149
Lernsituation 5:	**Sie bewerten abnutzbares Anlagevermögen, berechnen Abschreibungsbeträge und buchen diese**	**152**
Übung 5.1:	Die Bedeutung der Abschreibung für Neu- und Ersatzinvestitionen	156
Übung 5.2:	Den Wert eines Anlagegutes zum Jahresende bei Anwendung der linearen Abschreibung bestimmen	157
Übung 5.3:	Abschreibungen bei geringwertigen Wirtschaftsgütern	157
Übung 5.4:	Die zentralen Bilanzkennzahlen erläutern	159
Lernsituation 6:	**Sie bereiten die Bilanz der Bürodesign GmbH statisch auf und werten sie mithilfe von Kennzahlen aus**	**160**

Lernsituation 7: Sie werten das Konto „Gewinn und Verlust" zur Kontrolle der Wirtschaftlichkeit aus und leiten erste Maßnahmen zur Verbesserung der Unternehmens-situation ab 164

Lernsituation 8: Sie verarbeiten Informationen zur Steuerung von Beschaffungsprozessen und informieren sich über wirtschaftliche Zahlen eines Unternehmens mithilfe eines ERP-Systems 167

Übung 8.1: Der Beschaffungsprozess 179
Übung 8.2: Belegablage 180

Bildquellenverzeichnis 183

Unternehmen in ihren Strukturen und Prozessen darstellen und vergleichen

LERNGEBIET 11.1

Lernsituation 1: Sie erkunden das Unternehmensleitbild und die Unternehmensziele der Bürodesign GmbH

Am heutigen Morgen findet die allwöchentliche Abteilungsleiterrunde statt.

Der Geschäftsführer der Bürodesign GmbH, Herr Stein, eröffnet die Abteilungsleiterrunde mit den folgenden Worten: „Liebe Kolleginnen und Kollegen, ich begrüße Sie ganz herzlich zu unser allwöchentlichen Abteilungsleiterrunde. Anlässlich des 50-jährigen Betriebsjubiläums der Bürodesign GmbH am kommenden Wochenende möchte ich kurz noch einmal

auf die Grundsätze unseres Unternehmensleitbilds eingehen. Ich bitte Sie, diese auf der Feier gegenüber der Presse aktiv hervorzuheben. Die Grundsätze unseres Unternehmensleitbilds stellen sich wie folgt dar: Als Reaktion des Wandels vom Verkäufermarkt zum Käufermarkt waren unsere Aktivitäten seit den 70er Jahren zunehmend darauf gerichtet, im Rahmen der Kundenorientierung die Wünsche und Bedürfnisse der Kunden zu erkunden und die Wettbewerbssituation zu analysieren (Wettbewerbsorientierung). Seit Beginn der 90er Jahre steht für die Kunden die Frage der Umweltverträglichkeit und der Nachhaltigkeit der Produkte und Dienstleistungen im Vordergrund. Als Konsequenz daraus haben wir uns entschlossen, nur noch nachhaltige Produkte herzustellen und werthaltige Dienstleistungen zu erbringen. Ab dem Jahr 2000 steht für uns neben der Kundenorientierung, der Wettbewerbsorientierung und der Nachhaltigkeit die Mitarbeiterorientierung im Mittelpunkt. Seit dem 1. Januar 2000 lassen wir unsere Mitarbeiterinnen und Mitarbeiter am Erfolg des Unternehmens teilhaben und schütten 50 % des Jahresgewinns als Prämie an die Mitarbeiterinnen und Mitarbeiter aus. Darüber hinaus sorgen wir für eine angenehme und durch Aufgeschlossenheit gekennzeichnete Arbeitsatmosphäre. Damit sind wir bei der Bürodesign GmbH im Hier und Jetzt angelangt. Kundenorientierung, Wettbewerbsorientierung, Mitarbeiterorientierung und Nachhaltigkeit sind die Säulen, auf denen unser Unternehmen steht."

Die anderen Teilnehmer der Abteilungsleiterrunde nicken zustimmend.

Herr Stein fährt in seinen Ausführungen fort und berichtet von den aktuellen Vorhaben. „Gemäß unserem Unternehmensleitbild ist es für uns auch in Zukunft wichtig, weiter am Umweltschutz in der Bürodesign GmbH zu arbeiten. Wir möchten die Beleuchtung im Unternehmen erneuern oder die Wärmeisolierung am letzten Gebäudeabschnitt durchführen", berichtet Herr Stein. Daraufhin fällt ihm die Abteilungslei-

terin Verwaltung, Frau Jäger, ins Wort. „Das sind bestimmt hohe Investitionskosten! Unser Ziel sollte es lieber sein, Kosten zu sparen. Wir machen doch schon so viel für den Umweltschutz. Also ich bin dagegen!"

Herr Stein reagiert sofort auf die Bedenken von Frau Jäger, indem er sagt: „Frau Jäger, ich habe Ihnen weitere Informationen zu meinen Zielen zusammengestellt. Bitte setzen sie sich mit den Projekten kritisch auseinander und unterbreiten sie mir einen begründeten Vorschlag, ob eines der beiden Projekte durchgeführt werden soll. Der Auszubildende Herr Menne wird Sie dabei unterstützen. Wir sehen dann nächste Woche bei der nächsten Abteilungsleiterrunde weiter."

Da Frau Jäger zu einem Außentermin zum Steuerberater fahren muss, legt sie Torsten Menne die unten aufgeführte Hausmitteilung nach der Abteilungsleiterrunde vor, mit der Bitte, sich mit den Projekten kritisch auseinanderzusetzen und ihr einen begründeten Vorschlag zu unterbreiten, ob eines der beiden Projekte durchgeführt werden soll.

© Bildungsverlag EINS GmbH

Lernsituation 1

Sehr geehrte Frau Jäger,

Bitte machen Sie sich bis zur nächsten Abteilungsleiterrunde Gedanken bezüglich der beiden Projekte, sodass wir in der Abteilungsleiterrunde eine Entscheidung treffen können. Ich habe ich Ihnen weitere Informationen zu beiden Projekten aufgeführt. Uns stehen 40 000,00 € für die Durchführung zur Verfügung:

Projekt 1 „Erneuerung der Beleuchtung"
Im Rahmen dieses Projekts würden in allen Produktionsräumen und in den Lagerräumen Neonröhren durch LED-Röhren ausgetauscht. Die Umsetzung dieses Projekts würde ca. 40 000,00 € betragen. Der Stromverbrauch der alten Neonröhren beläuft sich im Jahr auf 200 000 kW/h. Die neuen LED-Röhren hätten einen Verbrauch von 75 000 kW/h, bei gleichen Betriebsstunden. Eine kW/h kostet 0,20 €.

Projekt 2 „Wärmeisolierung"
Im Rahmen dieses Projekts würde die Wärmeisolierung am letzten Gebäudeabschnitt durchgeführt, dies spart Heizkosten. Auch diese Investition würde sich auf ca. 40 000,00 € belaufen. Ohne die Durchführung der Wärmeisolierung verbraucht die Heizung 50 000 l Heizöl pro Jahr, mit Wärmeisolierung würde dies nur 40 000 l Heizöl pro Jahr betragen. Ein Liter Heizöl kostet 0,90 €.

Bitte beachten Sie bei Ihrer Entscheidung folgende Kriterien:
- *Wie hoch ist die Kosteneinsparung, wenn das jeweilige Projekt durchgeführt wird?*
- *Wann hat sich die Investition des jeweiligen Projektes amortisiert?*
- *Wie hoch ist die CO_2-Einsparung/Senkung der Umweltbelastung bei Durchführung des jeweiligen Projekts?*
  (Hinweis: 1 kW/h Strom = 0,59 kg CO_2, 1 l Heizöl = 3,2 kg CO_2)
- *Welche Ziele werden verfolgt?*

Mit freundlichen Grüßen
Stein

Beschreibung und Analyse der Situation

Nennen Sie die vier Grundsätze des Unternehmensleitbilds der Bürodesign GmbH.

_____

_____

_____

_____

Der Geschäftsführer der Bürodesign GmbH, Herr Stein, und die Abteilungsleiterin Verwaltung, Frau Jäger, haben unterschiedliche Ansichten bezüglich der im Unternehmen zu verfolgenden Ziele. Erläutern Sie die unterschiedlichen Zielvorstellungen.

© Bildungsverlag EINS GmbH

_____
_____
_____
_____
_____

Planen, entscheiden und durchführen

Setzen Sie sich bitte mit den Projekten kritisch auseinander und unterbreiten Sie Frau Jäger einen begründeten Vorschlag, ob eines der beiden Projekte durchgeführt werden soll. Nutzen Sie als Hilfestellung die aufgeführten Tabellen.

Nebenrechnung für das Projekt 1 „Erneuerung der Beleuchtung"
Amortisation = Investitionskosten/Kosteneinsparung

Kosteneinsparung:

Amortisation:

CO_2-Einsparung/
Senkung der Umweltbelastung:

Ziele des Projektes 1 „Erneuerung der Beleuchtung"		
Wirtschaftliche Ziele	Ökologische Ziele	Soziale Ziele

Nebenrechnung für das Projekt 2 „Wärmeisolierung"

Kosteneinsparung:

Amortisation:

CO_2-Einsparung/
Senkung der Umweltbelastung:

Lernsituation 1

Ziele des Projektes 2 „Wärmeisolierung"		
Wirtschaftliche Ziele	**Ökologische Ziele**	**Soziale Ziele**

Ihr begründeter Vorschlag an Frau Jäger:

_____
_____
_____
_____
_____
_____
_____
_____
_____

Bewerten und reflektieren

Überprüfen Sie die unten aufgeführten Aussagen hinsichtlich der Richtigkeit und begründen Sie Ihre Stellungnahme.

> Verfolgt ein Unternehmen gleichzeitig ein wirtschaftliches und ein ökologisches Ziel, so führt dies immer zu einem Zielkonflikt!

Ihre Stellungnahme zu dieser Aussage:

_____
_____

> Ökologische Ziele nehmen in Unternehmen einen immer höher werdenden Stellenwert ein!

Ihre Stellungnahme zu dieser Aussage:

_____
_____

© Bildungsverlag EINS GmbH

Lernergebnisse sichern und vertiefen

Finden Sie drei weitere Ideen, welche zur Verbesserung des Umweltschutzes in der Bürodesign GmbH verfolgt werden können. Benennen Sie darüber hinaus je drei konkrete ökonomische und soziale Ziele für die Bürodesign GmbH. Torsten Menne hat bereits eine Idee notiert.

Ökonomische Ziele	Ökologische Ziele	Soziale Ziele

Führen Sie drei Maßnahmen auf, die Sie privat zur Verbesserung des Umweltschutzes ergreifen bzw. ergreifen könnten.

_____
_____
_____

Nennen Sie fünf Beispiele, was Mitarbeiterinnen bzw. Mitarbeiter und damit die Bürodesign GmbH im Sinne von Kunden- und Wettbewerbsorientierung beitragen können.

Vorschläge für kundenorientiertes Verhalten der Mitarbeiterinnen und Mitarbeiter der Bürodesign GmbH:

_____
_____
_____
_____
_____

Vorschläge für wettbewerbsorientiertes Verhalten der Mitarbeiterinnen und Mitarbeiter der Bürodesign GmbH:

_____
_____
_____
_____
_____

Nutzen Sie Ihre bisherigen Arbeitsergebnisse und beschreiben Sie, was Sie unter einem Unternehmensleitbild verstehen.

_____
_____
_____

Lernsituation 1 – Übungsaufgaben

Übung 1.1: Interessengruppen und ihre Ziele

Die Bürodesign GmbH und alle anderen Unternehmen sind von Interessengruppen umgeben, welche verschiedene Ziele verfolgen.

1. Überlegen Sie sich jeweils drei Ziele, welche die unten aufgeführten Interessengruppen bezogen auf die Bürodesign GmbH verfolgen könnten. Halten Sie Ihre Ergebnisse in der unten aufgeführten Tabelle fest.

Interessengruppen	Ziele der Interessengruppe
Frau Friedrich, Gesellschafterin/Eigenkapitalgeberin der Bürodesign GmbH	• hohe Rendite • Erhalt des Unternehmens • langfristige Gewinnausschüttung
Mitarbeiter der Bürodesign GmbH	
Sparkasse Köln-Bonn, Fremdkapitalgeber der Bürodesign GmbH	
Klassik 2000 GmbH, Kunde der Bürodesign GmbH	
Vereinigte Spanplatten AG, Lieferant der Bürodesign GmbH	

2. Formulieren Sie exemplarisch einen möglichen Interessenskonflikt, der zwischen den einzelnen Interessensgruppen und der Bürodesign GmbH auftreten könnte.

Übung 1.2: Die betriebliche Leistungserstellung

1 Handelsbetriebe übernehmen unterschiedliche Funktionen (Aufgaben). Benennen Sie, welche Funktionen des Handels in den Beispielen angesprochen werden.

Beispiel	Funktion des Handels
Die Primus GmbH, ein Kunde der Bürodesign GmbH, betreibt einen Großhandel für Bürobedarf. Zum Bereich Bürobedarf gehören z.B. folgende Artikel: Schreibtische, Regalelemente, Faxgeräte, Anrufbeantworter, Taschenrechner, Drucker usw.	
Die Primus GmbH als Großhändler für Bürobedarf bezieht Waren von verschiedenen Herstellern aus Deutschland, Italien und den USA.	
Die Primus GmbH bestellt bei der Bürodesign GmbH immer im größeren Rahmen, um Mengenrabatte zu erhalten. Nicht alle Schreibtische können sofort von der Primus GmbH verkauft werden, sondern sie müssen solange gelagert werden, bis die Kunden der Primus GmbH Bedarf an Schreibtischen haben.	
Ein neuer Kunde der Primus GmbH bestellt zwei Schreibtische der Marke „Primo" und einen Tischkopierer „Primus Z 52". Die Ware wird von der Primus GmbH zum Kunden geliefert, dort aufgestellt und die Funktionen des Tischkopierers werden genau erklärt.	
Die Waren werden von der Primus GmbH in großen Mengen eingekauft und in kundengerechten kleineren Mengen wieder an Kunden verkauft.	

2 Zur Leistungserstellung benötigen Unternehmen betriebliche Produktionsfaktoren.
   a) Sammeln Sie zehn betriebliche Produktionsfaktoren, welche für die Herstellung des Schreibtisches „Chef 2000" der Bürodesign GmbH benötigt werden. Tragen Sie Ihre betrieblichen Produktionsfaktoren in die Tabelle ein und ordnen Sie diese danach der jeweiligen Rubrik zu.

Ihre Beispiele	Betriebsmittel	Werkstoffe			Arbeit	
		Rohstoffe	Hilfsstoffe	Betriebsstoffe	leitende	ausführende

   b) Führen Sie aus, welche betrieblichen Produktionsfaktoren in erster Linie von Dienstleistungsbetrieben benötigt werden.

© Bildungsverlag EINS GmbH

3 Erstellen Sie eine Übersicht über den Leistungserstellungsprozess eines Betriebs, indem Sie die fehlenden Begriffe in die folgende Übersicht einsetzen.

Einnahmen – Lager – Realisieren – Dienstleistung – Betriebsmittel – Kontrollieren – Geldstrom – Absatz – Arbeitskräfte – Ziele setzen – Beschaffung – Entscheiden – Absatzmarkt – Verwaltung, z. B. Rechnungswesen

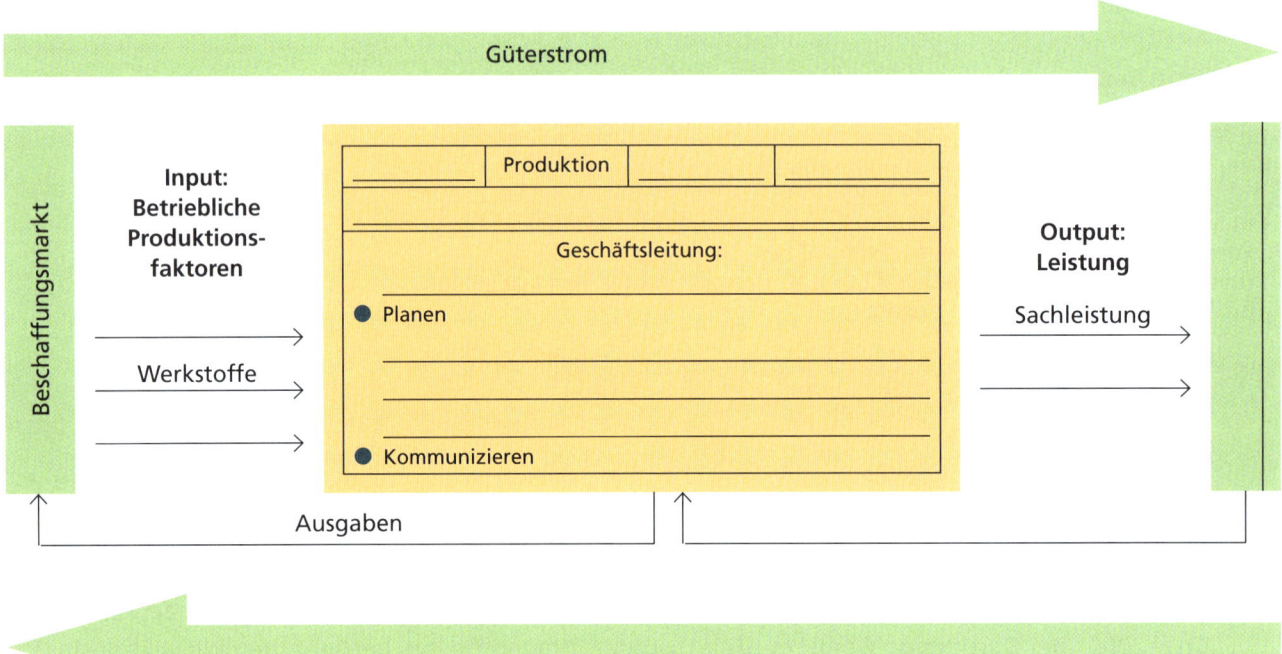

4 Man unterscheidet Sachleistungsbetriebe und Dienstleistungsbetriebe. Kreuzen Sie an.

Beispiele	Sachleistungsbetriebe			Dienstleistungsbetriebe			
	Gewinnungsbetrieb	Verarbeitungsbetrieb	Veredelungsbetrieb	Handel	Versicherung	Kreditinstitut	Sonstige Dienstleister
Kleiderfabrik							
Fluggesellschaft							
Krankenversicherung							
Stoffhersteller							
Schuhgeschäft							
Vodafone							

Beispiele	Sachleistungsbetriebe			Dienstleitungsbetriebe			
	Gewinnungsbetrieb	Verarbeitungsbetrieb	Veredelungsbetrieb	Handel	Versicherung	Kreditinstitut	Sonstige Dienstleister
Kiesgrube							
Schreibwarengeschäft							
Baumwollplantage							
Deutsche Bank AG							

5 Erläutern Sie das Prinzip der Wertschöpfungskette am Beispiel des Schreibtischs „Chef 2000" der Bürodesign GmbH. Beschreiben Sie alle Stufen, die erforderlich sind, bis der Schreibtisch „Chef 2000" von einem Endverbraucher gekauft werden kann.

Definition Wertschöpfungskette:

___
___
___
___

Wertschöpfungskette des Schreibtisches „Chef 2000":

___
___
___
___
___
___
___
___
___
___
___
___

Übung 1.3: Die Unternehmensorganisation

1 Im Rahmen der Unternehmensorganisation wird zwischen Aufbau- und der Ablauforganisation unterschieden.

 a) Erarbeiten Sie sich mithilfe Ihres Schulbuchs zunächst die Begriffe Aufbauorganisation und Ablauforganisation

Aufbauorganisation:

_____
_____
_____
_____
_____
_____
_____
_____

Ablauforganisation:

_____
_____
_____
_____
_____
_____
_____
_____

 b) Erläutern Sie nun diese Begriffe, ohne in Ihr Schulbuch und Ihre Unterlagen zu schauen.

 c) Gleichen Sie Ihre Erläuterung mit Ihrer Sitznachbarin/Ihrem Sitznachbarn ab.

2 In der Abteilung „Lager" der Bürodesign GmbH sollen die in der Tabelle aufgeführten Stellen im Rahmen einer **Reorganisation des Lagers und des Versands** gebildet werden. Die folgenden Kästchen enthalten neben der laufenden Nummer die **Art der Aufgabe** sowie die an einem Arbeitstag für diese Aufgabe **benötigte Zeit** in Minuten.

Stelle	Tätigkeit	Minuten
Gruppenleiter	1 Gruppenaufsicht	240
	6 Personaleinteilung	120
	11 Kontakt zu anderen Gruppen	120
	Summe	**480**
Kaufmännischer Angestellter (Kaufmann für Büromanagement)	2 Ausstellung der Versandpapiere	160
	8 Erstellung der Tourenplanung	240
	14 Allgemeine Büroarbeit	80
	Summe	**480**
Lagerfacharbeiter	7 Erfassung des Wareneingangs im Computer	150
	15 Erfassung des Warenausgangs im Computer	150
	16 Kontrolle im Lager	180
	Summe	**480**
Lagerarbeiter (ungelernt)	3 Verpacken der Waren	480
	Summe	**480**
Lagerarbeiter (ungelernt)	10 Einlagerung der Waren	400
	4 Aufräumen des Lagers	160
	9 Pflege des Fuhrparks	60
	13 Waren aus Lager entnehmen	400

Lernsituation 1 – Übungsaufgaben

Stelle	Tätigkeit	Minuten
Packer		
Kraftfahrer Klasse 2		
Kraftfahrer Klasse 3		
Kraftfahrer Klasse 3 (gelernter KFZ-Schlosser)		

3 In der Schule präsentieren die Schülerinnen und Schüler die ermittelten Organisationsformen ihrer Praktikumsbetriebe. Ordnen Sie anhand der unten aufgeführten Beispiele die Organisationsformen
   a) Einliniensystem,
   b) Mehrliniensystem,
   c) Stabliniensystem,
   d) Spartenorganisation oder
   e) Matrixorganisation
   zu und tragen Sie die richtige Organisationsformen in die Kästchen ein.

Praktikumsbetrieb 1:

In der BüroDirect GmbH ist Frau Schneider Geschäftsführerin. Unter ihr befinden sich die Abteilungen Lager, Verkauf, Buchhaltung und Einkauf. Jeder Mitarbeiter einer Abteilung hat nicht nur einen direkten Vorgesetzten, sondern ist auch anderen höherrangigen Mitarbeitern weisungsgebunden.

Praktikumsbetrieb 2:

Die Luxuswagen Baulen AG wird in zwei große Einheiten gegliedert, zum einen die Verrichtungen (Lagern, Verkaufen, Einkaufen) und zum anderen die Objekte (Gebraucht-, Neu-, und Jahreswagen). Die Mitarbeiter erhalten also von zwei Seiten ihre Weisungen.

Praktikumsbetrieb 3:

In der Müller GmbH, Fachgeschäft für Büroeinrichtungen, ist Herr Müller alleiniger Geschäftsführer. Ihm untergeordnet befinden sich die Abteilungen Verwaltung/Personal, Verkauf, Lager und Einkauf. Die Abteilungsleiter erhalten die Weisungen nur durch Herrn Müller persönlich und leiten diese an die untergeordneten Mitarbeiter der jeweiligen Abteilung weiter.

© Bildungsverlag EINS GmbH

Praktikumsbetrieb 4:

Die Kaiser GmbH & Co. KG hat einen Geschäftsführer, Herrn Kaiser. Diesem sind die Abteilungen Einkauf, Verkauf, Verwaltung und Lager untergeordnet. Ihm stehen beratend zur Seite Frau Schüller, welche sich um die Marketingaktivitäten in seinem Unternehmen kümmert, und Frau Weiler, seine Sekretärin.

---

4 Vervollständigen Sie mithilfe Ihres Lehrbuches die unten aufgeführte Übersicht zu den unterschiedlichen Unternehmensorganisationen.

	Einliniensystem	_____	Stabliniensystem	_____	Matrix-organisation
Erläuterung	_____	Untergeordnete Stellen erhalten Anweisungen von mehreren Instanzen.	_____	Ein Unternehmen wird nach dem Objektprinzip in Sparten aufgeteilt. Für alle Sparten sind Zentralabteilungen zuständig, die nach dem Verrichtungsprinzip gebildet werden.	_____
Vorteil	• Klare Abgrenzungen der Zuständigkeiten • übersichtlicher Aufbau	_____	• Entlastung der Instanzen, • Entscheidungsunterstützung durch Beratung	_____	• verbesserte Problemlösung durch den kombinierten Einsatz von Fachspezialisten • Teamarbeit
Nachteil	_____	_____	_____	_____	_____
Skizze					

Übung 1.4: Geschäftsprozessmodellierung

Überprüfen Sie Ihr bereits erworbenes Wissen zum Thema Geschäftsprozessmodellierung anhand des nachfolgenden Kreuzworträtsels.

Frage 1: Person, dessen Zufriedenheit im Mittelpunkt der Prozessgestaltung steht.
Frage 2: Fachbegriff innerhalb der Ereignisgesteuerten Prozesskette für einen erreichten Zustand
Frage 3: anderer Ausdruck für Tätigkeit innerhalb einer detaillierten Prozessbeschreibung
Frage 4: Symbol einer Ereignisgesteuerten Prozesskette, das einen Arbeitsablauf in mehrere voneinander unabhängige Pfade teilt
Frage 5: Prozesstyp, mit dem ein Unternehmen Geld verdient
Frage 6: Modelltyp, der den Aufbau einer Unternehmung beschreibt
Frage 7: Kundenbetreuer, der einen Kunden ganzheitlich betreut
Frage 8: übersichtliche Darstellung aller Prozesse eines Unternehmens
Frage 9: Symbol innerhalb einer Ereignisgesteuerten Prozesskette, das auf einen anderen Teilprozess verweist
Frage 10: Person, die Prozessbeschreibungen als Anleitung bei der täglichen Arbeit nutzt
Frage 11: Konnektortyp, der nur eine Möglichkeit der Fortführung zulässt
Frage 12: Konnektortyp, der eine Parallelisierung von Abläufen ermöglicht
Frage 13: Abkürzung für den Modelltyp Wertschöpfungskettendiagramm
Frage 14: Ein Ereignisgesteuertes Prozesskettendiagramm besteht aus Ereignissen, Funktionen, Ressourcen und ...
Frage 15: geeigneter Modelltyp für kleinschrittige Arbeitsanweisungen, an denen sich Mitarbeiter orientieren können

Die Kombination der Lösungsbuchstaben 1 bis 17 ergibt ein Lösungswort, das einen wichtigen Bereich der Ablauforganisation beschreibt.

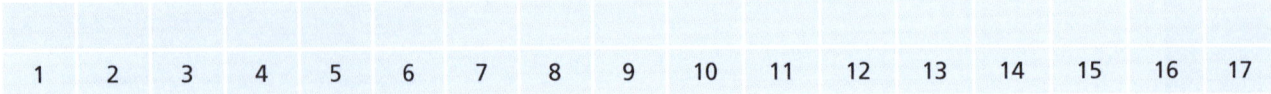

1	2	3	4	5	6	7	8	9	10	11	12	13	14	15	16	17

Übung 1.5: Geschäftsprozesse analysieren

Der Reklamationsprozess der Bürodesign GmbH besteht aus drei Teilprozessen. Gemäß dem nachfolgenden Wertschöpfungskettendiagramm wird eine Kundenreklamation zunächst bearbeitet. Dabei wird entschieden, ob eine Nachbesserung des Produkts erfolgen soll oder ob dem Kunden eine Ersatzlieferung geschickt wird:

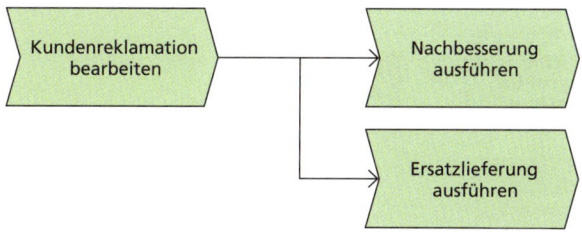

Im Folgenden ist der Teilprozess „Kundenreklamation bearbeiten" als Ereignisgesteuertes Prozesskettendiagramm dargestellt. Dieser gibt Mitarbeitern der Bürodesign GmbH eine detaillierte Anweisung, wie der Teilprozess zu bearbeiten ist.

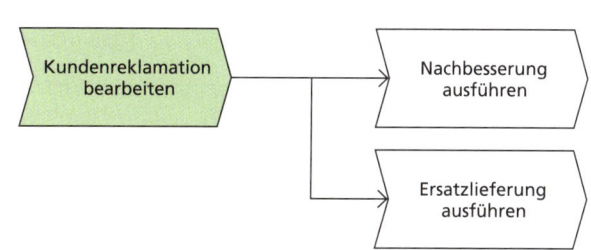

Lernsituation 1 – Übungsaufgaben

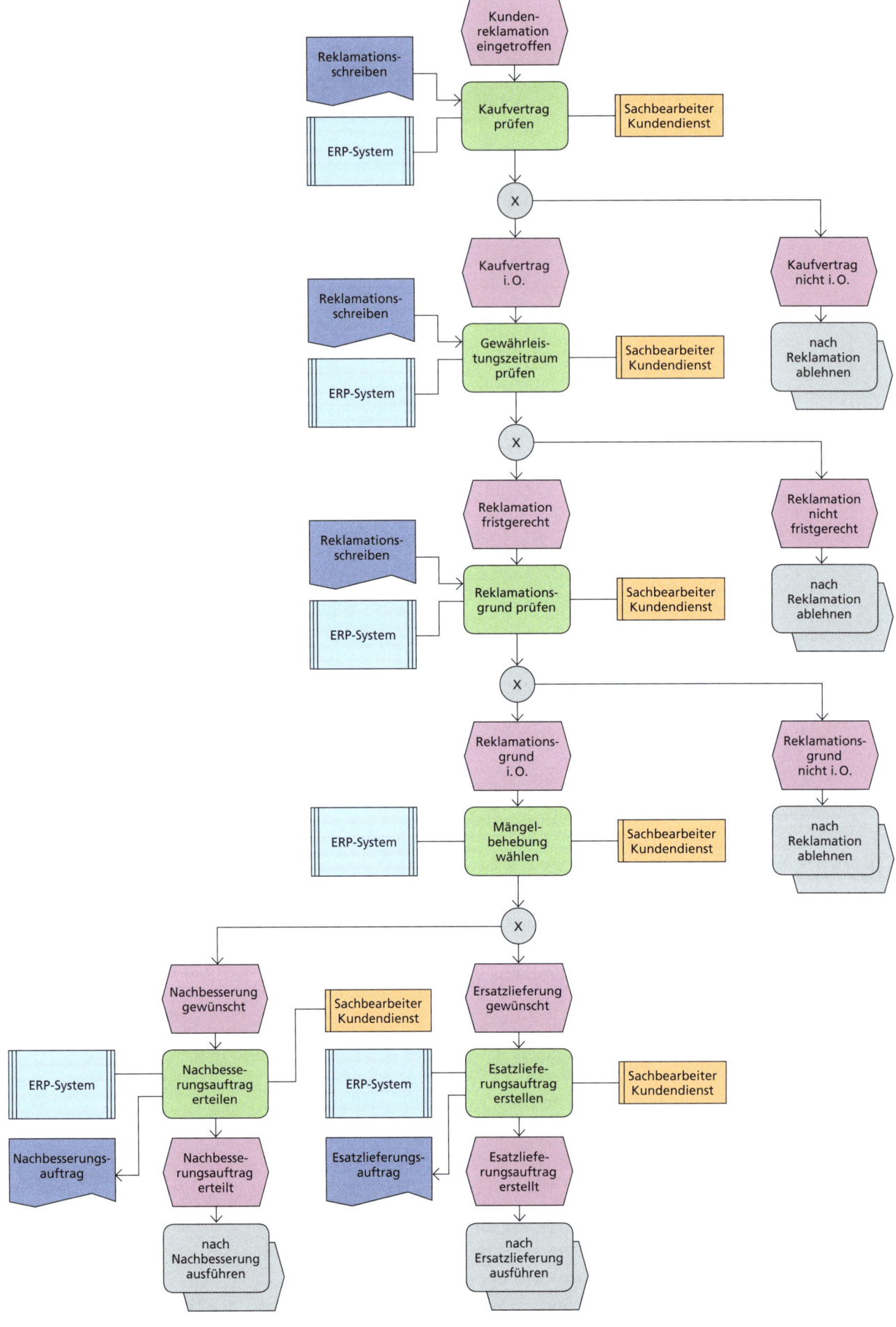

Lernsituation 1 – Übungsaufgaben

Analysieren Sie den Teilprozess „Kundenreklamation bearbeiten" und beantworten Sie nachfolgende Fragen:

a) Beschreiben Sie, was den dargestellten Teilprozess auslöst.

_____
_____

b) Ermitteln Sie, wie der Teilprozess am Ende fortgesetzt wird.

_____
_____

c) Untersuchen Sie, wer an dem Teilprozess beteiligt ist.

_____
_____

d) Analysieren Sie, welche Rolle das ERP-System in dem Teilprozess spielt.

_____
_____

e) Bestimmen Sie, welche Papierdokumente in dem Teilprozess Verwendung finden. Vermerken Sie, ob diese Dokumente zur Bearbeitung benötigt werden oder ob sie das Ergebnis einer Bearbeitung sind.

_____
_____
_____
_____
_____

f) Welcher Konnektortyp findet in dem Teilprozess Verwendung?

_____
_____

g) Welche Merkmale können dazu führen, dass die Bürodesign GmbH eine Reklamation ablehnt?

_____
_____
_____
_____

© Bildungsverlag EINS GmbH

Übung 1.6: Geschäftsprozesse optimieren

Dem Teilprozess „Kundenreklamation bearbeiten" schließt sich entweder der Teilprozess „Nachbesserung ausführen" oder „Ersatzauslieferung ausführen" an. Nachfolgender Teilprozess beschreibt die Reparatur eines reklamierten Artikels der Bürodesign GmbH.

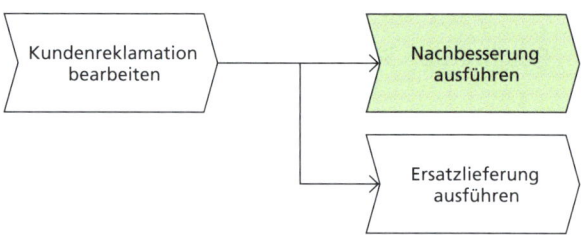

Untersuchen Sie den nachfolgenden Teilprozess auf formale Fehler, indem Sie die Fehler direkt im Modell markieren und verbessern.

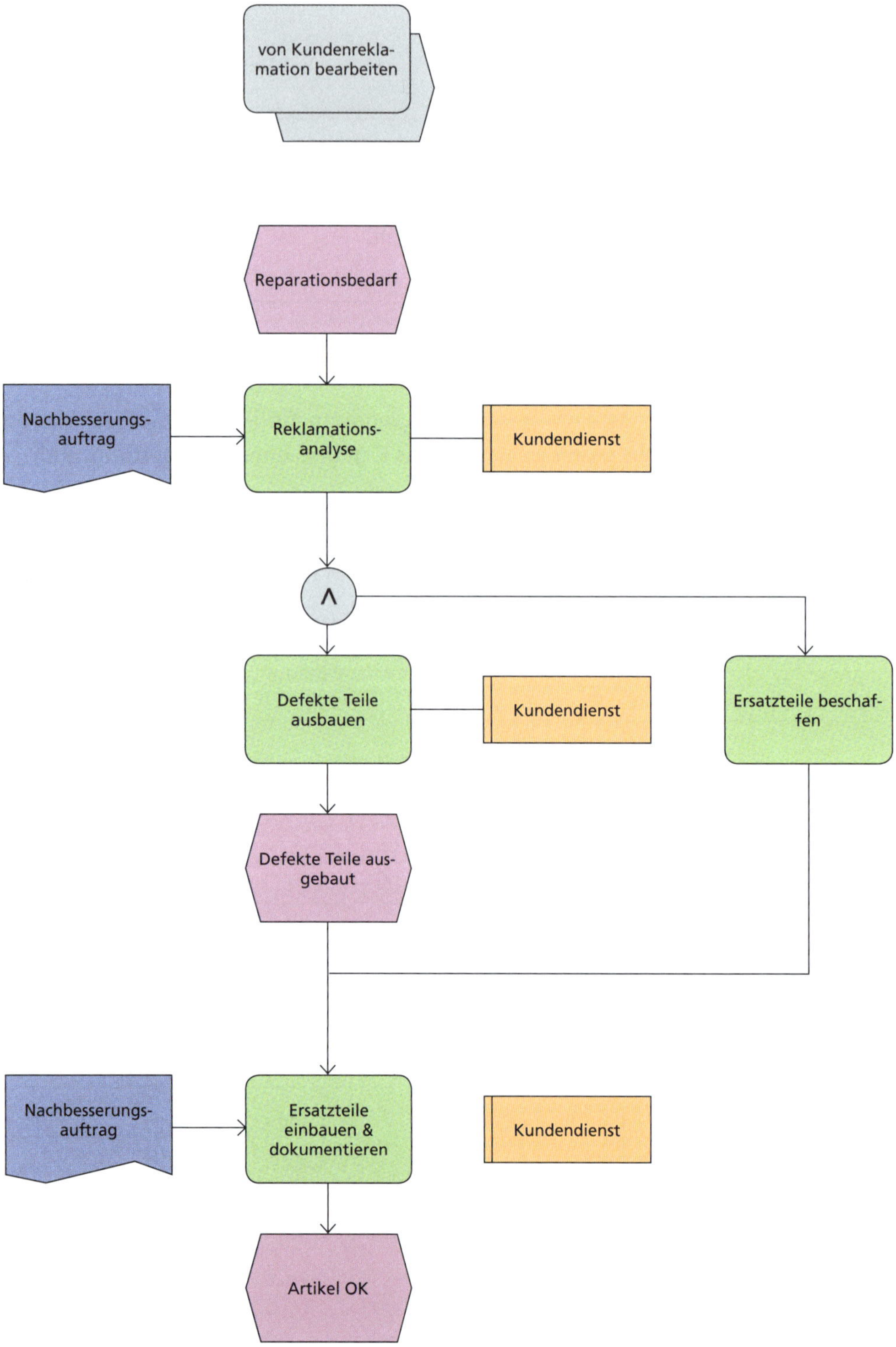

© Bildungsverlag EINS GmbH

Übung 1.7: Ereignisgesteuerte Prozessketten (EPK) erstellen

Sollte der Mitarbeiter des Kundendienstes entscheiden, dass ein Artikel nicht repariert, sondern ersetzt wird, beschreibt der Teilprozess „Ersatzauslieferung ausführen" das Vorgehen. Die Mitarbeiter der Bürodesign GmbH können zur Bearbeitung auf eine tabellarische Arbeitsanweisung zurückgreifen:

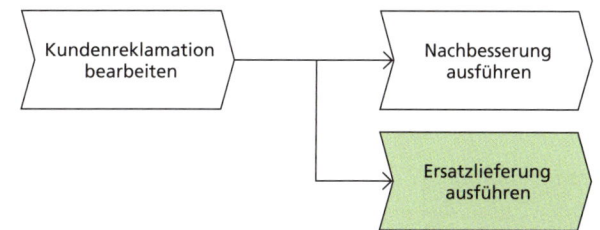

Tätigkeit	Bemerkung	Organisationseinheit	Ressource
	Startet durch den Teilprozess: „Kundenreklamation bearbeiten"		
Es wird der Kundenstatus geprüft	Ergebnis der Prüfung kann der Status Bestandskunde oder Neukunde sein. Handelt es sich um einen Bestandskunden, werden die notwendigen Kundendaten in einem Teilprozess erfasst.	Sachbearbeiter Verkauf	Ersatzlieferungsauftrag (Input); ERP-System (Dialog)
Es werden die ersatzweise gelieferten Versandartikel erfasst.		Sachbearbeiter Verkauf	Ersatzlieferungsauftrag (Input); ERP-System (Dialog)
Es wird der Rechnungsbetrag auf „null" geändert (kostenfreie Ersatzlieferung).		Sachbearbeiter Verkauf	ERP-System (Dialog)
Es wird die Ausgangsrechnung versendet.	Der Bearbeitungszweig findet seine Fortsetzung im Teilprozess „Post versenden".	Sachbearbeiter Verkauf	ERP-System (Dialog); Ausgangsrechnung (Output)
Zeitgleich zum vorherigen Bearbeitungsschritt wird der Lieferschein erstellt.	Der Bearbeitungszweig findet seine Fortsetzung im Teilprozess „Ware versenden".	Sachbearbeiter Verkauf	ERP-System (Dialog); Lieferschein (Output)

a) Modellieren Sie die Arbeitsanweisung in Form eines Ereignisgesteuerten Prozesskettendiagramms. Nutzen Sie dazu die Lösungsskizze auf der nachfolgenden Seite.

© Bildungsverlag EINS GmbH

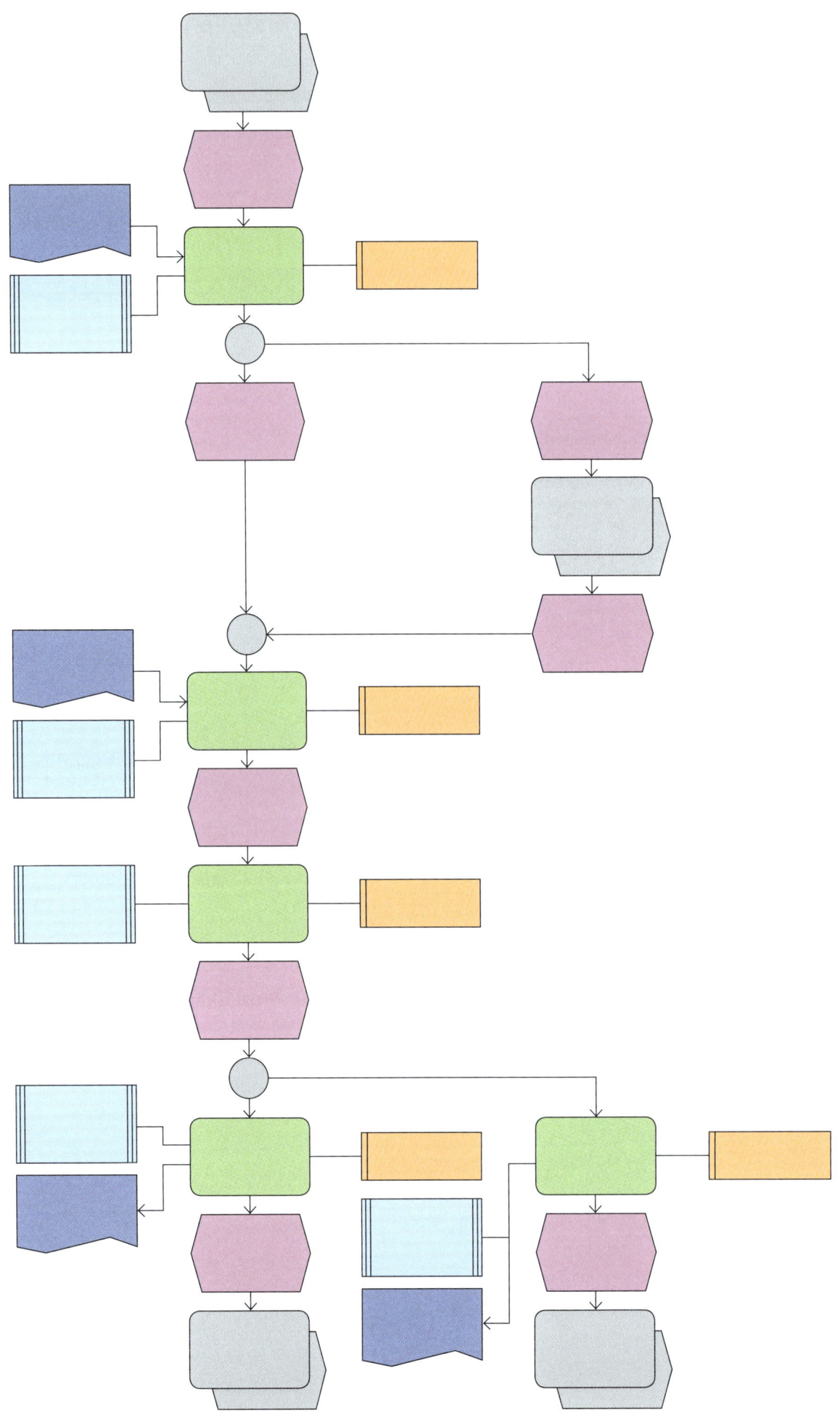

b) Analysieren Sie den Prozess auf Optimierungsmöglichkeiten und diskutieren Sie Ihre Ergebnisse im Plenum.

c) Zeichnen Sie den modellierten Prozess, indem Sie die diskutierten Optimierungsansätze darin berücksichtigen.

Lernsituation 2: Sie präsentieren den eigenen Praktikumsbetrieb

Die Personalleiterin, Frau Geissler, hat die Praktikanten Silvia Land und Torsten Menne beauftragt, eine Präsentation der Bürodesign GmbH durchzuführen. Das Unternehmen wird auch in diesem Jahr an einer Ausbildungsmesse teilnehmen, um dort Schulabgänger für die Bürodesign GmbH zu interessieren. Bei ihrer Aufgabe werden Silvia und Torsten von den Auszubildenden Heinz Becker und Elke Grau unterstützt. Nach drei Wochen hat ihre Gruppe alle benötigten Informationen gesammelt und bearbeitet. Nun gilt es, die erste Präsentation im Detail vorzubereiten. Alle sind schon ziemlich nervös, denn es werden viele Interessenten erwartet. Die Gruppe kann auf eine Vielzahl von Medien und Materialien zurückgreifen. *„Wir sollten alles mit ‚PowerPoint' machen"*, meint Heinz Becker, der sich mit dem Programm auch gut auskennt. Elke erwidert: *„Schön und gut – lasst uns aber bitte erst einmal grundlegende Fragen klären, bevor wie über Medien reden. Allein durch ‚PowerPoint' ist der Erfolg unserer Präsentation jedenfalls nicht gesichert."*

Beschreibung und Analyse der Situation

Für die Vorbereitung und Durchführung der Präsentation werden Kosten verursacht und wertvolle Ausbildungszeit investiert. Erläutern Sie,

a) warum die Bürodesign GmbH an der Ausbildungsmesse teilnimmt,

_____
_____
_____
_____
_____
_____
_____
_____

b) welchen Nutzen die Auszubildenden davon haben, die Präsentation vorzubereiten und durchzuführen.

_____
_____
_____
_____
_____
_____
_____
_____

© Bildungsverlag EINS GmbH

c) Es soll „professionell" präsentiert werden. Beschreiben Sie mindestens vier Merkmale, die für Sie eine professionelle Präsentation ausmachen.

_____
_____
_____
_____
_____

Planen

Planen Sie Ihre Präsentation. Sie sollte 10 bis max. 15 Minuten dauern. Die nachfolgenden Schritte helfen Ihnen, zielgerichtet vorzugehen.

Schritt 1: Zielgruppengerechte Auswahl der Präsentationsinhalte

Wählen Sie Merkmale aus, anhand derer Sie Ihren Praktikumsbetrieb beschreiben wollen. Diese Merkmale sollten Sie natürlich selbst interessant finden. Achten Sie zudem auf Ihre Zielgruppe, das heißt Ihre Mitschüler und Mitschülerinnen. Was wird die wohl interessieren? Hier einige Anregungen für Merkmale, die Sie sicher nicht alle aufnehmen müssen und zu denen Sie eigene Ideen hinzufügen sollten:[1]

Firma und Logo	Unternehmensphilosophie oder -leitbild	Standort	Rechtsform
Wichtige Grundsätze im Umgang mit Kunden	Unternehmensgeschichte	Anzahl und Struktur der Mitarbeiterschaft	Vertriebswege
_____	_____	_____	_____
_____	_____	_____	_____
_____	_____	_____	_____
_____	_____	_____	_____
_____	_____	_____	_____
_____	_____	_____	_____
_____	_____	_____	_____
_____	_____	_____	_____

Schritt 2: Informationen zu den gewählten Merkmalen sammeln und in eine sinnvolle Reihenfolge für die Präsentation bringen

Nutzen Sie für diesen Schritt Ihr eigenes Wissen und Ihre Erfahrungen aus dem Betrieb. Dies sollten Sie aber unbedingt ergänzen. Ihre Mitauszubildenden und Kollegen (insbesondere Ihr Ausbilder/Ihre Ausbilderin) sind wertvolle Quellen. Die Informationen können Sie hier stichwortartig sammeln. In der letzten Spalte können Sie mit einer Zahl die Reihenfolge für die Präsentation planen.

---

[1] Sollten Sie mit einem Merkmal nichts anzufangen wissen, ziehen Sie Ihre Gruppe, Ihr Lehrbuch und/oder Ihren Lehrer bzw. Ihre Lehrerin zurate.

© Bildungsverlag EINS GmbH

Gewähltes Merkmal	Informationen in Stichworten	Reihenfolge (1–...)

Schritt 3: Die grundsätzliche Form der Präsentation festlegen

Damit Ihre Präsentation interessant und anschaulich wird, sollten Sie sich eine geeignete Form überlegen. Hierbei sind unterschiedliche Visualisierungsformen (z. B. mit Plakat, Folien, Karten, Tafel oder einem Präsentationsprogramm) oder auch Darstellungen (z. B. Unternehmenspräsentation als Rollenspiel mit einem Kunden) denkbar. Halten Sie Ihre **Präsentationsentscheidung und deren Begründung** hier schriftlich fest:

© Bildungsverlag EINS GmbH

Schritt 4: Die Präsentation genau planen (Einstieg, Hauptteil, Schluss) und „proben"

Halten Sie den Ablauf und die Verantwortlichkeiten in einem Plan fest:

Wann?	Wer? (Name)	Was? (siehe Info aus Schritt 2)
Einstieg		
Hauptteil		
Schluss		

„Proben" Sie anschließend die Präsentation und diskutieren Sie in der Gruppe über Stärken und notwendige Änderungen.

Durchführen und Bewerten

Führen Sie die Präsentation durch.
Als **Beobachter** machen Sie sich nach jeder Präsentation zunächst einige Notizen. Mit diesen Notizen wird es Ihnen leicht fallen, Ihren Mitschülerinnen und Mitschülern ein **konstruktives Feedback** zu geben:

Gruppe	Das (...) hat mir an der Präsentation gut gefallen, weil...	Mein Tipp für die nächste Präsentation dieser Gruppe...
1		
2		
3		
4		
5		

Lernsituation 2

Lernergebnisse sichern und vertiefen

a) Sie waren an der Planung, Durchführung und Bewertung einer Präsentation beteiligt. Wo sehen Sie rückblickend Ihre Stärken und was wollen Sie besser machen, wenn Sie das nächste Mal vor eine derartige Aufgabe gestellt werden?

Präsentation	Meine Stärken	Was ich beim nächsten Mal besser machen möchte
Planen		
Durchführen		
Bewerten		

b) Entscheiden Sie, ob die nachfolgenden Aussagen richtig oder falsch sind:

Nr.	Aussage	richtig/falsch
1	Bei einer Präsentation gilt es, viel Inhalt „rüberzubringen". Schnelles Sprechen hilft dabei.	
2	Karteikarten oder Mindmaps helfen frei vorzutragen, ohne den roten Faden zu verlieren.	
3	Eine Präsentation ist eine ernste Sache. Lustige Bemerkungen sollte man sich daher sparen.	
4	Beim Einsatz von Medien sollte man den Blickkontakt zu den Zuhörern halten.	
5	Eine gute Präsentation verdient einen guten Abschluss. Sich für die Aufmerksamkeit zu bedanken gehört dazu.	
6	Damit man nichts vergisst, sollte man seinen Vortrag vorlesen.	
7	Zu Beginn der Präsentation sollte man versuchen, Blickkontakt zum Publikum und speziell zu einer „netten" Person aufzunehmen.	
8	Eine Präsentation muss beeindrucken. Deshalb sollte sie stets technisch sehr aufwendig gestaltet werden.	
9	Um klarzumachen, dass man auch wirklich Ahnung hat, sollten schwierige Fachbegriffe in keiner Präsentation fehlen.	
10	Sprechpausen helfen den Zuhörern beim Hören und dem Redner beim (Vor-)Denken	

c) Korrigieren Sie die falschen Aussagen

Nr.	korrigierte Aussage

© Bildungsverlag EINS GmbH

d) Folien und Präsentations-Charts – was ist zu beachten?

Beschreiben Sie, welche Grundsätze sowohl bei der Präsentation mit Folie und OHP als auch bei der Arbeit mit einem Präsentationsprogramm und Beamer zu beachten sind.

Übung 2.1: Shareholder- und Stakeholderansatz vergleichen

Das Unternehmen BIOTA berichtet in seinem Nachhaltigkeitsbericht 2017, dass es sich regelmäßig mit den folgenden Stakeholdern des Unternehmens im Dialog befindet.

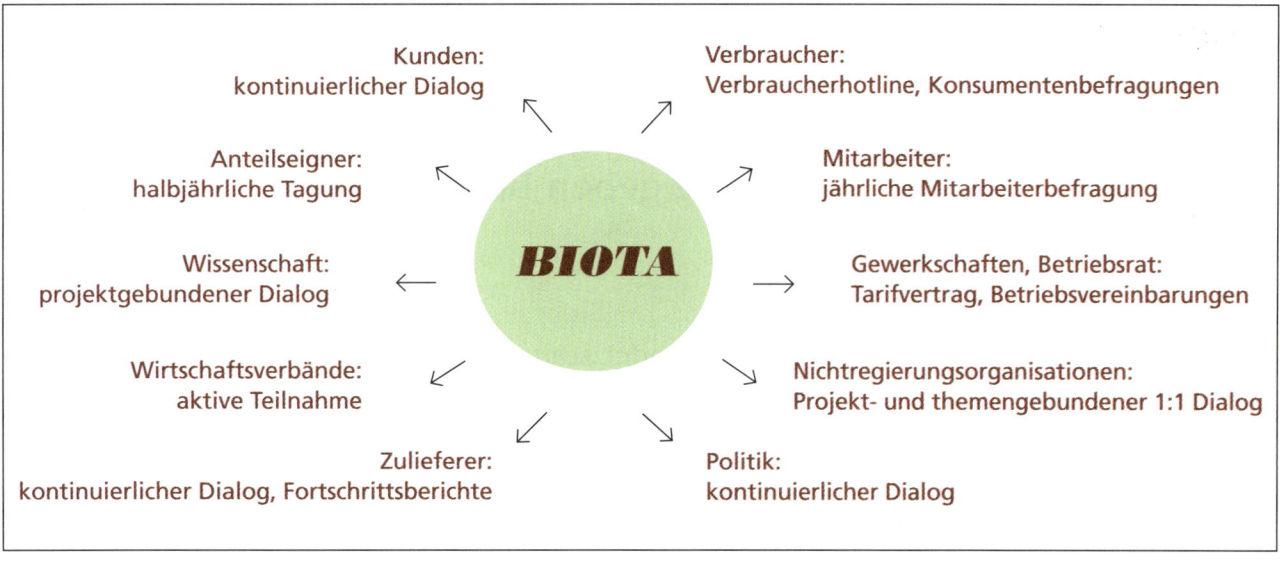

Erklären Sie, was man unter den Stakeholdern eines Unternehmens wie BIOTA versteht.

Erklären Sie, warum Unternehmen wie BIOTA mit ihren Stakeholdern über Themen wie Nachhaltigkeit in eine Kommunikation treten.

___

Lernsituation 3: Sie klären die unterschiedlichen Kaufmannseigenschaften

Jan Wolf, ein ehemaliger Freund von Silvia Land, hat die Ausbildung als Kaufmann für Büromanagement aufgegeben, um das Unternehmen seines Vaters, die Reifen Wolf GmbH, zu übernehmen. Mittlerweile erzielt Jan mit seinem Unternehmen einen jährlichen Gewinn von ca. 100 000,00 € und einen jährlichen Umsatz von ca. 1 000 000,00 €.
Eine neue Freundin hat er auch. Und dann kommt plötzlich diese Karte:

Ihre Verlobung geben bekannt:

Anna Weber  Jan Wolf
Steuerfachgehilfin   Kaufmann

Die Verlobungsfeier findet statt am 2. Mai ..
um 15:00 Uhr im Dorfgemeinschaftshaus Winterscheid,
Stiftstraße 15, 53809 Winterscheid.

Silvia ist sauer: *„Von wegen Kaufmann, der hat doch die Ausbildung abgebrochen."* Wenn alles gut geht, wird sie in einem Jahr Kauffrau sein, nämlich Kauffrau für Bürokommunikation. In der Mittagspause erzählt sie Frau Jäger, ihrer Abteilungsleiterin, von der Sache. Aber Frau Jäger weiß es natürlich wie immer besser. *„Sie sind doch nur eifersüchtig. Und wer Kaufmann ist, regelt das Handelsgesetzbuch."*

Beschreibung und Analyse der Situation

Beschreiben Sie die Reaktionen von Silvia Land und der Abteilungsleiterin Frau Jäger auf die Verlobungskarte von Jan Wolf.

Planen und durchführen

Beschreiben Sie mithilfe Ihres Lehrbuches die verschiedenen Kaufmannseigenschaften.
Ihre Ergebnisse sollen in Form eines Marktstandes im Klassenraum präsentiert werden, an dem sich Ihre Mitschülerinnen und Mitschüler informieren können. Übertragen Sie Ihre Ergebnisse bitte auf Plakate.

Istkaufleute (§ 1 HGB):

Kannkaufleute (§ 2 und § 3 HGB):

Formkaufleute (§ 6 HGB):

Lernsituation 3

___

Nichtkaufleute:

___
___
___
___
___
___

Stellen Sie fest, ob Jan Wolf Kaufmann im Sinne des Handelsgesetzbuches ist.

___
___
___
___
___
___

Bewerten

Schritt 1:
Die Präsentationen der einzelnen Gruppen werden wie „Marktstände" im Raum verteilt, an denen sich alle Schülerinnen und Schüler informieren können.

Schritt 2:
Überdenken Sie anhand der Rückmeldungen Ihrer Mitschülerinnen und Mitschüler Ihre Präsentation in der Arbeitsgruppe und ergänzen/ändern Sie Ihre Unterlagen gegebenenfalls.

Schritt 3:
Gehen Sie in Ihren Arbeitsgruppen die einzelnen Arbeitsschritte noch einmal gedanklich durch und reflektieren Sie Ihre Ergebnisse sowie Ihren Arbeitsprozess. Tun Sie dies zunächst individuell und tauschen Sie sich anschließend in Ihrer Gruppe aus.

	Bewertung in Schulnoten				
Merkmale der Gruppenarbeit	1	2	3	4	5
Wir waren uns darüber im Klaren, was wir erreichen wollten.					
Wir hörten aufmerksam zu, wenn andere sprachen.					
Alle brachten sich gewinnbringend in die Gruppenarbeit ein.					
Mit der Qualität unseres Arbeitsergebnisses sind wir zufrieden.					

© Bildungsverlag EINS GmbH

Lernergebnisse sichern und vertiefen

Erstellen Sie eine Übersicht über die einzelnen Kaufmannseigenschaften, indem Sie die fehlenden Begriffe in die folgende Übersicht einsetzen.

> Land- und Forstwirte – Handelsregistereintrag konstitutiv – Istkaufmann – Handelsregistereintrag deklaratorisch – Nicht-Kaufmann – Kannkaufmann (Eintragungswahlrecht) – Mit kaufmännischer Organisation – Kein Handelsregistereintrag – Kapitalgesellschaften (GmbH, AG)

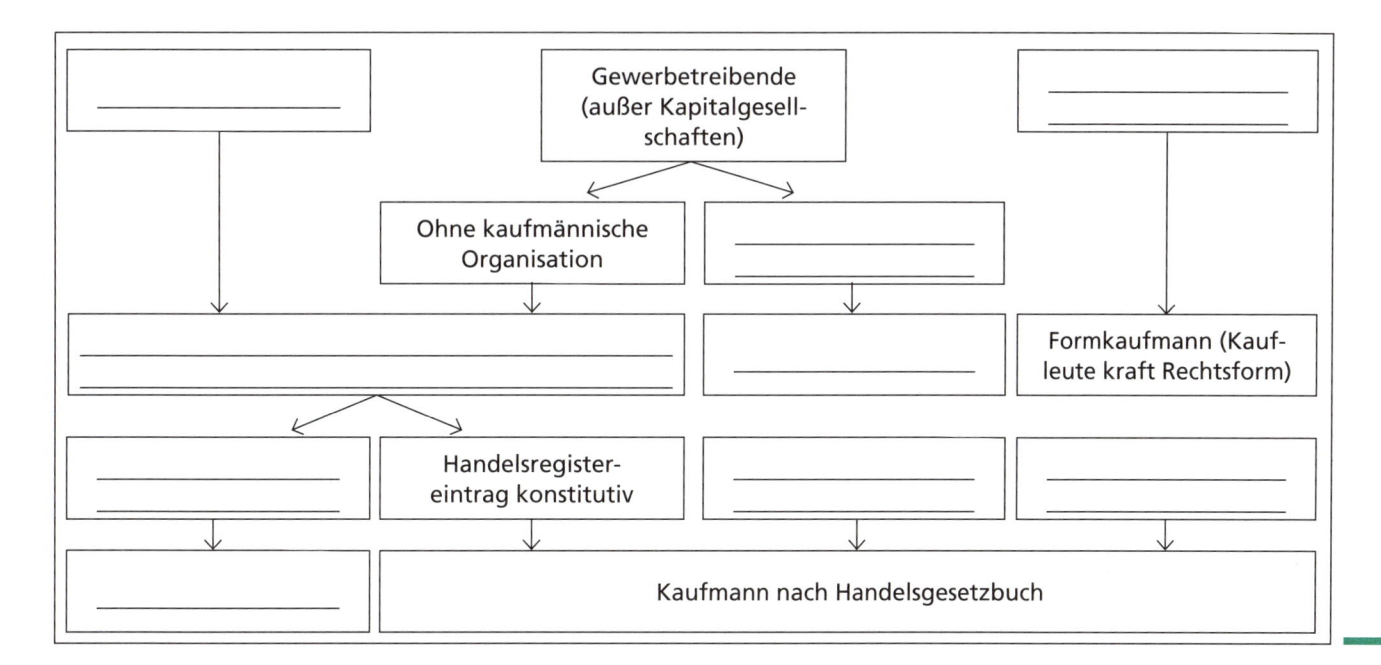

Übung 3.1: Die Firma

1 Erläutern Sie den Unterschied zwischen Unternehmung, Betrieb und Firma.

Unternehmen:

Betrieb:

Firma:

Lernsituation 3 – Übungsaufgaben

2 Füllen Sie mithilfe Ihres Lehrbuches die folgende Übersicht aus.

Beschreibung	Firmenart
Die Firma besteht aus Namen und Gegenstand des Unternehmens.	_____
_____	Personenfirma
_____	Fantasiefirma
Die Firma ist aus dem Gegenstand des Unternehmens abgeleitet.	_____

3 Füllen Sie mithilfe des Internets die folgende Tabelle aus.

Name der Firma	Firmenart	Firmenzusatz
Robert Bosch GmbH	_____	_____
Langenscheidt KG	_____	_____
Volkswagen AG	_____	_____
Dr. August Oetker Nahrungsmittel KG	_____	_____
Deutsche Telekom AG	_____	_____

4 Füllen Sie mithilfe Ihres Lehrbuches die folgende Übersicht aus.

Firmengrundsatz	Beschreibung
_____	Für Außenstehende muss erkennbar sein, wer Firmeninhaber ist und welche Art von Unternehmung vorliegt.
Firmenklarheit	_____
Firmenausschließlichkeit	_____
_____	Beim Erwerb eines Unternehmens darf die bisherige Firma nach Einwilligung des bisherigen Inhabers fortgeführt werden.
Firmenöffentlichkeit	_____

5 Nachdem Sie die „Firmengrundsätze" gelernt haben, können Sie Ihr Wissen selbst testen, indem Sie die unten aufgeführten Fälle bearbeiten.
   a) Herbert Müller möchte unter der Firma „Sportladen Müller e. K." ein Sportgeschäft eröffnen, obwohl bereits in derselben Stadt ein anderes Geschäft mit der gleichen Firma existiert. Wird das Registergericht dieser Bezeichnung unter Beachtung der Firmengrundsätze zustimmen? Begründen Sie Ihre Entscheidung.

b) Paul Meier erwirbt ein Einzelhandelsgeschäft. Er möchte die bisherige Firma „Modehaus Baumann GmbH" weiterführen. Ist dies möglich? Legen Sie auch mögliche Gründe dar, warum Paul Meier daran interessiert ist, das Unternehmen unter dem bisherigen Namen fortzuführen.

Übung 3.2: Das Handelsregister

Dem Abteilungsleiter Verkauf der Bürodesign GmbH, Herrn Stam, liegt eine schriftliche Bestellung eines Neukunden, der Hannover Bürobedarf GmbH, vor. Die Geschäftsführerin der Hannover Bürobedarf GmbH, Frau Petra Müller, möchte bei der Bürodesign GmbH Büromöbel im Wert von 30 000,00 € bestellen.

Da Herr Stam die Hannover Bürobedarf GmbH noch nicht kennt, hat er sich folgenden Handelsregisterauszug über die Hannover Bürobedarf GmbH besorgt.

Amtsgericht Aachen						
Abteilung B Nummer der Firma: HR H 840						
Nr. der Eintragung	a) Firma b) Ort der Niederlassung (Sitz der Gesellschaft) c) Gegenstand des Unternehmens (bei juristischen Personen)	Grund- oder Stammkapital in €	Vorstand Persönlich haftende Gesellschafter Geschäftsführer	Prokura	Rechtsverhältnisse	a) Tag der Eintragung und Unterschrift b) Bemerkungen
1	2	3	4	5	6	7
1	a) Hannover Bürobedarf GmbH b) 30159 Hannover c) Fachgeschäft für Bürobedarf	150 000,00	Rudi Rallala, Anneliese Midden	Herrn Walter Gerwien, Hannover, ist Einzelprokura erteilt.	Gesellschaft mit beschränkter Haftung	20.10.2005
2			Petra Müller, Dirk Bremser	Die Einzelprokura des Walter Gerwien ist geblieben.	Geschäftsübergang auf Petra Müller und Dirk Bremser. Firmenfortführung	15.02.2010

© Bildungsverlag EINS GmbH

Lernsituation 3 – Übungsaufgaben

Beantworten Sie in diesem Zusammenhang folgende Fragen:

1 Warum hat sich Herr Stam einen Handelsregisterauszug über die Hannover Bürobedarf GmbH besorgt?

2 Was versteht man unter dem Handelsregister?

3 Welchen Zweck erfüllt das Handelsregister?

4 Wer ist berechtigt, Einsicht in das Handelsregister zu nehmen?

5 Wie ist das Handelsregister gegliedert?

© Bildungsverlag EINS GmbH

6 Welche rechtlichen Wirkungen haben die einzelnen Eintragungen in das Handelsregister?

7 Legen Sie dar, welche Informationen Sie aus dem Handelsregisterauszug gewinnen können.

Übung 3.3: Die Rechtsform der Unternehmung

1) Erarbeiten Sie sich in Einzelarbeit mit Ihrem Lehrbuch die folgende Übersicht.
2) Vergleichen Sie Ihre Ausarbeitungen dann mit Ihrer Sitznachbarin/Ihrem Sitznachbarn.
3) Klären Sie offene Fragen in einem Klassengespräch und ergänzen Sie Ihre Aufzeichnungen.

Kriterien	Einzelunternehmung	Offene Handelsgesellschaft
Definition		
Gründung		• Mindestens zwei Personen • Formfreier Gesellschaftervertrag
Firma	Sach-, Personen-, Fantasiefirma oder gemischte Firma mit dem Zusatz „eingetragene/-r Kauffrau/-mann" (e. K.)	
Kapitalaufbringung		
Haftung	Der Einzelunternehmer haftet allein und unbeschränkt (mit seinem Geschäfts- und Privatvermögen).	
Geschäftsführung (im Innenverhältnis)		Jeder Gesellschafter ist berechtigt, allein die Geschäfte zu führen.
Vertretung (im Außenverhältnis)	Allein durch den Einzelunternehmer	
Gewinnverteilung		
Verlustverteilung		• Laut Gesellschaftsvertrag • Wenn nichts geregelt ist im Gesellschaftsvertrag, dann nach Köpfen.

© Bildungsverlag EINS GmbH

Lernsituation 3 – Übungsaufgaben

Kriterien	Kommanditgesellschaft	Gesellschaft mit beschränkter Haftung
Definition	Handelsgeschäft, bei dem mindestens ein Gesellschafter unbeschränkt (Komplementär) und ein Gesellschafter in Höhe seiner Einlage (Kommanditist) haftet	Handelsgesellschaft mit eigener Rechtspersönlichkeit, deren Gesellschafter mit ihren Geschäftsanteilen am Stammkapital der Gesellschaft beteiligt sind, ohne persönlich zu haften
Gründung		
Firma		
Kapitalaufbringung	• Kein Mindestkapital erforderlich • Verbesserte Möglichkeiten der Eigenfinanzierung durch Aufnahme neuer Kommanditisten	• 25 000,00 € Stammkapital • Nennbetrag der Geschäftsanteile je Gesellschafter mindestens 1,00 € • Fremdkapitalbeschaffung ist durch die beschränkte Haftung der GmbH begrenzt.
Haftung		
Geschäftsführung (im Innenverhältnis)		
Vertretung (im Außenverhältnis)		Geschäftsführer übernehmen die gerichtliche und außergerichtliche Vertretung (Einzel- oder Gesamtvertretung möglich)

© Bildungsverlag EINS GmbH

Lernsituation 3 – Übungsaufgaben

Kriterien	Kommanditgesellschaft	Gesellschaft mit beschränkter Haftung
Gewinn-verteilung		
Verlust-verteilung		

4) Beurteilen Sie die folgenden Aussagen zu den einzelnen Unternehmensformen. Ordnen Sie eine
   (1) zu, wenn die Antwort zutrifft
   (2) zu, wenn die Antwort nicht zutrifft.

   a) Die Haftung bei der Einzelunternehmung bezieht sich nur auf das Geschäftsvermögen. ☐

   b) Die Eintragung einer Einzelunternehmung erfolgt in das Handelsregister Abteilung A. ☐

   c) Die Einzelunternehmung muss als Firmenzusatz die Abkürzung e. K. tragen. ☐

   d) Ein Mindestkapital ist bei der Offenen Handelsgesellschaft zur Gründung nicht vorgeschrieben. ☐

   e) Die Gesellschafter der Offenen Handelsgesellschaft sind mit dem Betrag ihrer Einlage im Handelsregister eingetragen. ☐

   f) Alle Gesellschafter einer Offenen Handelsgesellschaft haften mit ihrem Geschäfts- und Privatvermögen. ☐

   g) Der Komplementär einer Kommanditgesellschaft haftet unbeschränkt, unmittelbar und solidarisch. ☐

   h) Ein möglicher Verlust wird bei einer Kommanditgesellschaft nach Köpfen verteilt. ☐

   i) Alle Gesellschafter einer Kommanditgesellschaft haben Anspruch auf eine Kapitalverzinsung von 4 %, wenn genügend Gewinn zur Verfügung steht. ☐

   j) Die Mindesthöhe des Stammkapitals beträgt bei einer GmbH 25 000,00 €. ☐

   k) Die GmbH ist eine Personengesellschaft. ☐

   l) Die Eintragung einer GmbH erfolgt in das Handelsregister Abteilung B. ☐

© Bildungsverlag EINS GmbH

Lernsituation 4: Sie berücksichtigen die Rechts- und Geschäftsfähigkeit beim Zustandekommen von Verträgen

Der Praktikant Torsten Menne durchläuft in seinem Jahrespraktikum verschiedene Abteilungen in der Bürodesign GmbH und wird aktuell im Outlet-Store der Bürodesign GmbH eingesetzt. Torsten hat sehr viel Freude an den Gesprächen mit den Kunden und zeigt sich als talentierter Verkäufer.

Besonders stolz ist Torsten, dass er es schon einige Male geschafft hat, ein Möbelstück der höheren Preisklasse zu verkaufen. Doch an diesem Arbeitstag gibt es ein Problem. Torsten hat vor zwei Tagen einer jungen Kundin einen Schreibtischstuhl für 450,00 € verkauft. Nun stehen die aufgebrachten Eltern im Outlet-Store und verlangen Rücknahme des Schreibtischstuhls sowie die Auszahlung des Kaufpreises. Sie begründen ihre Forderung damit, dass ihre Tochter erst 15 Jahre alt sei und somit noch nicht geschäftsfähig. Torsten ärgert sich, denn jetzt ist auch seine Verkaufsprovision gefährdet.

Beschreibung und Analyse der Situation

Analysieren Sie, in welcher unangenehmen Situation sich Torsten befindet und welche Konsequenzen ihm drohen.

Finden Sie mögliche Gründe, warum die Eltern die Rücknahme des Schreibtischstuhles verlangen.

© Bildungsverlag EINS GmbH

Lernsituation 4

Planen

Klären Sie mithilfe des BGB und des Lehrbuchs, wie ein Vertrag zustande kommt. Ergänzen Sie dazu das folgende Schaubild.

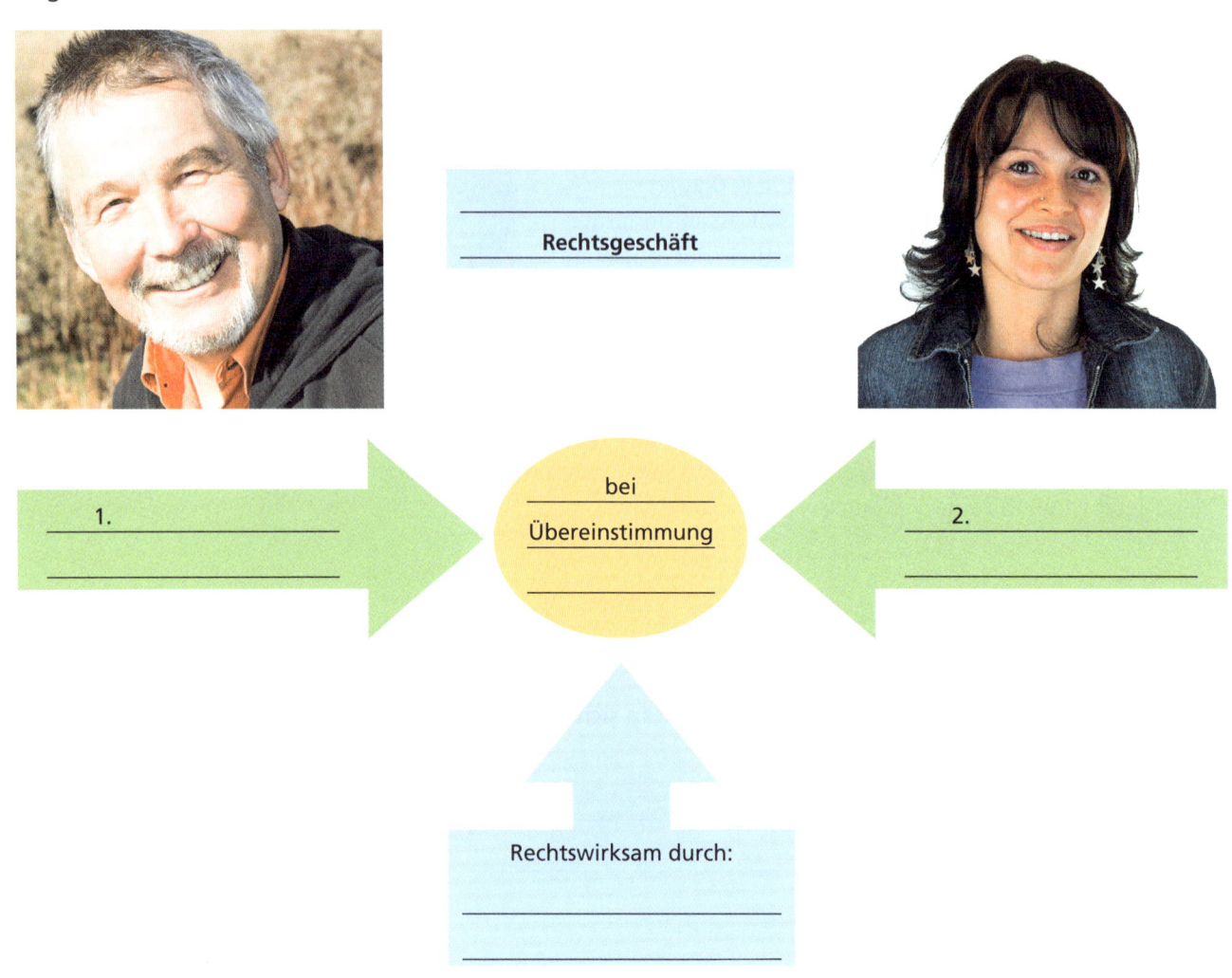

_____
Rechtsgeschäft
_____

1. _____
_____

_____ bei Übereinstimmung _____

2. _____
_____

Rechtswirksam durch:
_____
_____

Erarbeiten Sie die Begriffe „Rechts- und Geschäftsfähigkeit". Vervollständigen Sie dazu das folgende Schaubild.

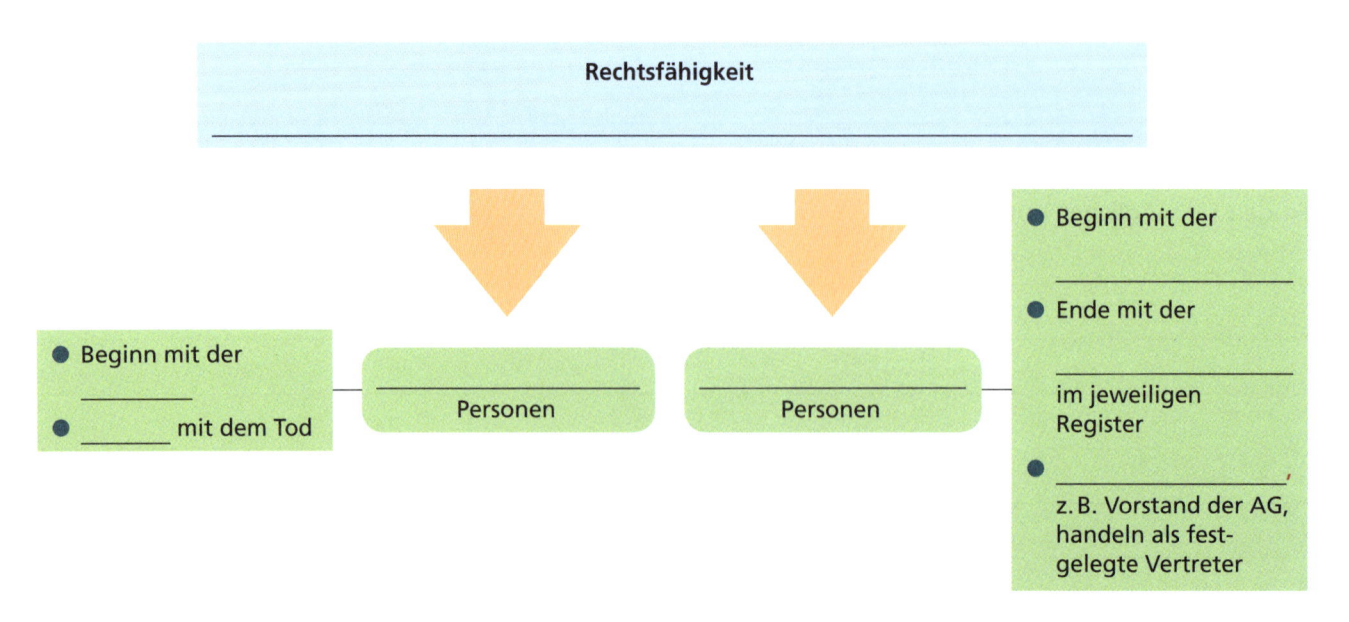

Rechtsfähigkeit
_____

- Beginn mit der _____
- _____ mit dem Tod

_____ Personen

_____ Personen

- Beginn mit der _____
- Ende mit der _____ im jeweiligen Register
- _____, z. B. Vorstand der AG, handeln als festgelegte Vertreter

© Bildungsverlag EINS GmbH

Stellen Sie fest, welche Stufen der Geschäftsfähigkeit unterschieden werden. Stellen Sie Ihr Ergebnis in einer Übersicht dar.

Übersicht zu den Stufen der Geschäftsfähigkeit

Geschäftsfähigkeit

[Dreispaltige Tabelle mit leeren Feldern zum Ausfüllen]

Durchführen und Bewerten

Präsentieren Sie der Klasse das Arbeitsergebnis als Kurzreferat. Ergänzen Sie ggf. fehlende Punkte in ihren Unterlagen.

Geben Sie nach jedem Kurzreferat ein kurzes Feedback. Der folgende Feedbackbogen soll Sie dabei unterstützen.

Leitfragen	Bewertung in Schulnoten				
	1	2	3	4	5
War der Vortrag über das Thema „Recht- und Geschäftsfähigkeit" umfassend und informativ?					
Hat sich der Ablauf bewährt?					
Wie war die Güte der einzelnen Phasen?					
• Einstieg					
• Hauptteil					
• Schluss					
Wie sicher hat der Vortragende gewirkt?					

© Bildungsverlag EINS GmbH

Lernsituation 4

Beurteilen Sie die Rechtslage in der Ausgangssituation und machen Sie einen begründeten Vorschlag, wie Torsten sich zukünftig in ähnlichen Situationen verhalten soll.

Lernergebnisse sichern und vertiefen

Formulieren Sie für die unterschiedlichen Stufen der Geschäftsfähigkeit je ein Praxisbeispiel.

© Bildungsverlag EINS GmbH

Erläutern Sie die Absicht des Gesetzgebers bei der Festlegung der drei Stufen der Geschäftsfähigkeit.

_____
_____
_____
_____
_____
_____
_____

Übung 4.1: Arten von Rechtsgeschäften

Rechtsgeschäfte werden nach Anzahl und Art der Willenserklärungen unterschieden. Ergänzen Sie die Inhalte der nachfolgenden Übersicht.

Rechtsgeschäfte

_____ Rechtsgeschäfte	_____ Rechtsgeschäfte
Willenserklärung von einer Person	Übereinstimmende Willenserklärung von zwei oder mehreren Personen

Beispiele:	Beispiele:	Beispiele:	Beispiele:
• Kündigung • Mahnung	_____ • Aufgabe des Eigentumsanspruchs	_____ • Bürgschaft	_____ • Mietvertrag

| _____ | nicht empfangsbedürftig | _____ | zwei- oder mehrseitig verpflichtend |

Willenserklärung → _____
_____

Übung 4.2: Vertragsarten

Formulieren Sie die jeweilige Definition für die aufgeführten Vertragsarten und bestimmen Sie die Fundstelle im BGB.

Vertragsart	Definition	§§
Leihvertrag		
Pachtvertrag		
Kaufvertrag		
Werkvertrag		

Übung 4.3: Vertragsfreiheit und Form der Rechtsgeschäfte beachten

Stellen Sie fest, welche gesetzliche Formvorschrift bei den angegebenen Rechtsgeschäften eingehalten werden muss. Kreuzen Sie das entsprechende Feld an.

Rechtsgeschäft	formfrei	Schriftform	öffentliche Beglaubigung	notarielle Beurkundung
Torsten Menne schließt einen Ausbildungsvertrag mit der Bürodesign GmbH ab.				
Silvia Land verkauft ihr Mountainbike an Renate Becker.				
Die Bürodesign GmbH kauft das Nachbargrundstück für den Neubau einer Lagerhalle.				
Jörn Menne setzt ein handschriftliches Testament auf.				
Die Kegelfreunde Wahlscheid melden sich beim Vereinsregister an.				
Frau Friedrich kauft sich einen neuen LCD-Fernseher. Sie schließt dafür einen Ratenkaufvertrag ab.				
Die Bodo Lukas KG mietet ihr neues Ladenlokal für einen Zeitraum von drei Jahren.				

© Bildungsverlag EINS GmbH

Erläutern Sie, welche Funktion gesetzlich vorgeschriebene Formen für Rechtsgeschäfte haben.

___

Übung 4.4: Nichtigkeit und Anfechtbarkeit von Rechtsgeschäften darstellen

Beurteilen Sie für folgende Rechtsgeschäfte, ob sie gültig, anfechtbar oder nichtig sind. Begründen Sie Ihre Entscheidung kurz mithilfe des BGB.

Fall 1 Der Lehrer Georg Dittrich leiht seinem ständig in Geldsorgen befindlichen Freund Matthias Strohmann 3 000,00 € für die Anschaffung eines neuen Fernsehers. Er verlangt dafür einen Zinssatz von 34 %.

Willenserklärung ist ...			Kurze Begründung mit Angabe des Paragrafen im BGB
gültig	anfechtbar	nichtig	

Fall 2 Thorsten Bickel kauft sich beim Fahrradhändler Piet Harms ein hochwertiges Rennrad zu einem günstigen Preis. Dennoch braucht er für den Kaufpreis von 3 500,00 € seine gesamten Ersparnisse auf. Am nächsten Tag ruft der Händler bei ihm an, er wolle das Geschäft rückgängig machen. Er habe zu knapp kalkuliert, dass Rennrad müsste 4 000,00 € kosten.

Willenserklärung ist ...			Kurze Begründung mit Angabe des Paragrafen im BGB
gültig	anfechtbar	nichtig	

Fall 3 Für die Renovierung seines Eigenheimes bestellt Olaf Janssen Dämmstoff in der Stärke von 100 mm. Der Mitarbeiter im Baustoffhandel versteht aufgrund des hohen Geräuschpegels im Geschäft versehentlich eine Stärke von 200 mm. Die bestellten Materialien werden am nächsten Tag ausgeliefert.

Willenserklärung ist ...			Kurze Begründung mit Angabe des Paragrafen im BGB
gültig	anfechtbar	nichtig	

© Bildungsverlag EINS GmbH

Lernsituation 4 – Übungsaufgaben

Fall 4 Der Bankangestellte und Kampfsportspezialist Heinz Peters erpresst einen Kunden, damit der Aktienfonds kauft. Bei Nichtkauf würde er den Kunden einmal zu Trainingszwecken besuchen wollen.

Willenserklärung ist ...			Kurze Begründung mit Angabe des Paragrafen im BGB
gültig	anfechtbar	nichtig	
			_____
			_____

Fall 5 Die Grafikerin Inka Strothmann verspricht ihrer Freundin Gritje Peters in Partylaune 5 000,00 €, wenn sie ein Weihnachtslied singt. Diese legt sofort los und sorgt für gute Stimmung.

Willenserklärung ist ...			Kurze Begründung mit Angabe des Paragrafen im BGB
gültig	anfechtbar	nichtig	
			_____
			_____

Übung 4.5: Vertragsrecht am Beispiel des Kaufvertrags

Ergänzen Sie das folgende Schaubild zum Kaufvertrag und das resultierende Verpflichtungs- bzw. Erfüllungsgeschäft mithilfe des Schulbuches und des BGB.

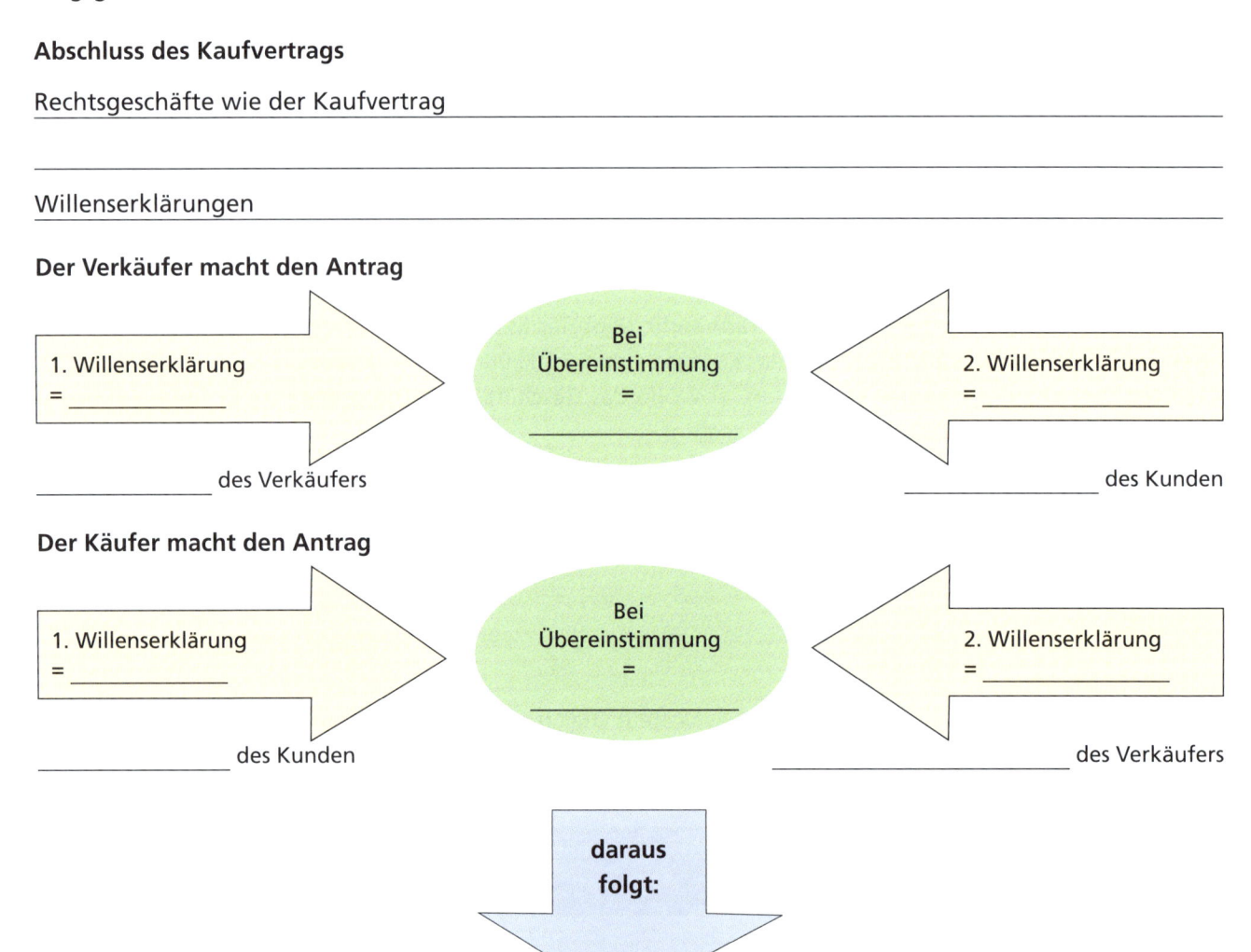

Abschluss des Kaufvertrags

Rechtsgeschäfte wie der Kaufvertrag _____

_____

Willenserklärungen _____

Der Verkäufer macht den Antrag

1. Willenserklärung = _____   Bei Übereinstimmung = _____   2. Willenserklärung = _____

_____ des Verkäufers   _____ des Kunden

Der Käufer macht den Antrag

1. Willenserklärung = _____   Bei Übereinstimmung = _____   2. Willenserklärung = _____

_____ des Kunden   _____ des Verkäufers

daraus folgt:

Verpflichtungsgeschäft

Verkäuferpflichten

Käuferpflichten

Erfüllungsgeschäft

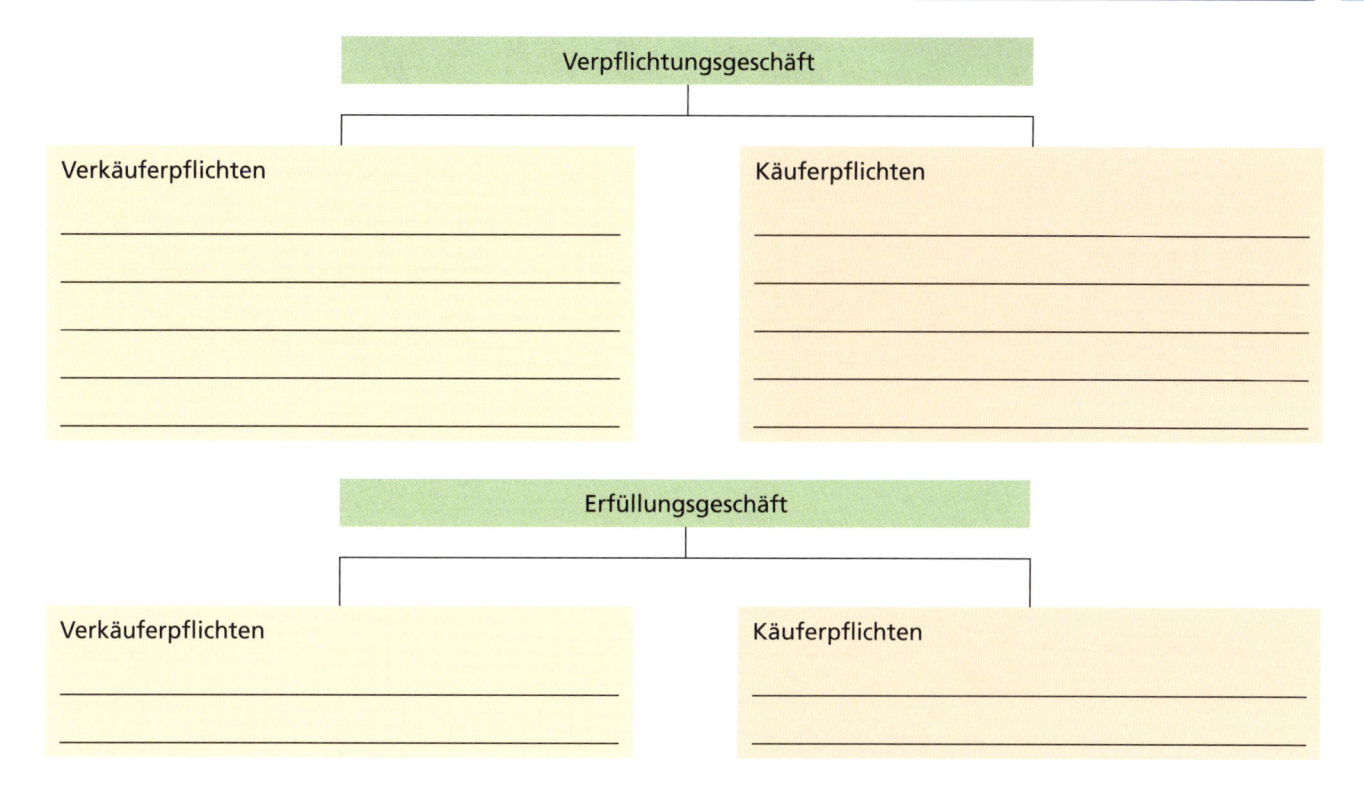

Verkäuferpflichten

Käuferpflichten

Übung 4.6: Inhalte des Kaufvertrags

Sind im Kaufvertrag über die Bedingungen des Kaufs keine individuellen Vereinbarungen getroffen worden, dann gelten die Regelungen nach dem HGB bzw. dem BGB. Erarbeiten Sie für die aufgeführten Bestandteile des Kaufvertrags die Inhalte nach den entsprechenden gesetzlichen Regelungen.

Inhalt	Gesetzliche Regelung
Art und Güte der Ware	
Menge der Ware	
Lieferzeit	
Zahlungsbedingungen	

© Bildungsverlag EINS GmbH

Inhalt	Gesetzliche Regelung
Verpackungskosten	
Beförderungskosten	
Erfüllungsort und Gerichtsstand	

Lernsituation 5: Sie untersuchen die Allgemeinen Geschäftsbedingungen

Die Elektrowerke Janßen GmbH aus Aurich schließt schriftlich mit der Bürodesign GmbH einen Vertrag über eine komplette Büroausstattung ab. In einem Telefonat mit Frau Schmitz, der Gruppenleiterin des Verkaufsstudios, wird vereinbart, dass die vollständige Bestellung in 14 Tagen geliefert werden soll. Aufgrund von Problemen in der Produktion kann allerdings erst in sechs Wochen geliefert werden. Gerd Gerdes, Sachbearbeiter der Beschaffungsabteilung der Elektrowerke Janßen, erkundigt sich nach drei Wochen über den Lieferstatus der bestellten Büroausstattung.

Gerd Gerdes: *„Moin, Frau Schmitz. Wir erwarten dringend die Lieferung der Büromöbel, diese hätten bereits vor einer Woche geliefert werden sollen. Das hatten Sie mir am Telefon zugesagt."*

Frau Schmitz: *„Das tut mir leid, aber aufgrund eines erheblichen Wasserschadens musste die Produktion für einige Zeit unterbrochen werden. Das konnten wir leider nicht vorhersehen. In drei Wochen werden wir spätestens liefern."*

Gerd Gerdes: *„So lange können wir nicht warten. Wir werden vom Vertrag zurücktreten."*

Frau Schmitz: *„Ich kann Ihren Ärger verstehen, aber leider ist ein Rücktritt vom Vertrag nicht möglich. In unseren Allgemeinen Geschäftsbedingungen (AGB) finden Sie folgende Hinweise:*

‚Vom Verkäufer nicht zu vertretende Störungen im Geschäftsbetrieb ... verlängern die Lieferzeit entsprechend ... Zum Rücktritt ist der Käufer nur berechtigt, wenn er in diesen Fällen nach Ablauf der vereinbarten Lieferfrist die Lieferung anmahnt und diese dann innerhalb von 6 Wochen nach Eingang des Mahnschreibens des Käufers beim Verkäufer nicht an den Käufer erfolgt.'

Beim Vertragsabschluss sind Sie auf die AGB hingewiesen worden und haben diese zusammen mit dem Kaufvertrag unterschrieben."

Lernsituation 5 | 55

Beschreibung und Analyse der Situation

Analysieren Sie die unterschiedlichen Interessen der Bürodesign GmbH und der Elektrowerke Janßen GmbH.

_____
_____
_____
_____
_____
_____
_____
_____

Erläutern Sie, warum sich Unternehmen bei der Vertragsgestaltung vorgedruckter Vertragsformulare mit Allgemeinen Geschäftsbedingungen bedienen.

_____
_____
_____
_____
_____
_____
_____
_____
_____
_____
_____

Planen und Durchführen

Der Kunde Gerd Gerdes ist verärgert und mit dem Verhalten der Bürodesign GmbH nicht einverstanden.

Erstellen Sie eine Beurteilung der Rechtslage in Form eines Memos und geben Sie eine Handlungsempfehlung, wie bei unvorhersehbaren Stockungen in der Auftragsbearbeitung zukünftig verfahren werden sollte.

Schritt 1:
Klären Sie, ob die Reaktion von Frau Schmitz auf den angedrohten Rücktritt vom Kaufvertrag durch den Kunden Gerd Gerdes den Allgemeinen Geschäftsbedingungen der Bürodesign GmbH entspricht. Erarbeiten Sie dazu die wesentlichen Regelungen der Allgemeinen Geschäftsbedingungen der Bürodesign GmbH.

© Bildungsverlag EINS GmbH

Lernsituation 5

Inhalt	AGB der Bürodesign GmbH
Preis der Ware	
Lieferzeit	
Eigentumsvorbehalt	
Gefahrenübergang	
Annahmeverzug	
Rücktritt vom Kaufvertrag	
Sachmängelhaftung	
Erfüllungsort/ Gerichtsstand	

Schritt 2:
Der Gesetzgeber hat gesetzliche Regelungen getroffen, damit der Käufer durch AGB nicht unangemessen benachteiligt wird. Klären Sie, ob die AGB der Bürodesign GmbH gegen die Regelungen des BGB zur „**Gestaltung rechtsgeschäftlicher Schuldverhältnisse durch Allgemeine Geschäftsbedingungen**" verstoßen. Fassen Sie die wichtigsten Bestimmungen für ein- und zweiseitige Handelsgeschäfte zusammen.

© Bildungsverlag EINS GmbH

Klauseln des BGB, die bei einseitigen und zweiseitigen Handelskäufen gelten:

Klausel	Inhalt	Fundstelle

Bedingung, die nur für einseitige Handelsgeschäfte gilt:

Bedingung	Inhalt	Fundstelle
Einbeziehung in den Vertrag = Wirksamkeit		

Weitere verbotene und damit unwirksame Klauseln in Kaufverträgen mit Privatkunden (einseitige Handelsgeschäfte) sind:

Klausel	Inhalt	Fundstelle

Erläutern Sie die Absicht des Gesetzgebers bei den Regelungen zur „**Gestaltung rechtsgeschäftlicher Schuldverhältnisse durch Allgemeine Geschäftsbedingungen**".

© Bildungsverlag EINS GmbH

Lernsituation 5

Schritt 3:
Sammeln Sie stichwortartig Ideen, wie die Bürodesign GmbH auf die unvorhergesehene Produktionsstockung kundenorientiert reagieren kann.

_____
_____
_____
_____
_____

Schritt 4:
Fassen Sie Ihre Ergebnisse in einem Memo an den Geschäftsführer Herrn Stein zusammen. Schreiben Sie ganze Sätze, die möglichst präzise und verständlich sein sollen.

An: stein@buerodesign-online.de
Cc:
Betreff: Memo zu Lieferverzögerung beim Kunden Elektrowerke Janßen GmbH, Aurich

Sehr geehrter Herr Stein,

Sie baten mich mich um ein kurzes Memo zur Rechtslage bei der Liefererverzögerung zur Bestellung der Elektrowerke Janßen GmbH.

Beurteilung der Rechtslage

_____
_____
_____
_____
_____
_____
_____

Mit freundlichen Grüßen

Frau Schmitz

Formulieren Sie eine Handlungsempfehlung für Lieferverzögerungen.

_____
_____

Bewerten

Tauschen Sie Ihre Memos mit einem anderen Paar aus. Geben Sie sich eine konstruktive Rückmeldung zum Inhalt und zur Form der Texte.
Überarbeiten Sie nach der Rückmeldung Ihre Memos noch einmal.

Lernergebnisse sichern und vertiefen

Simulieren Sie ein Telefonat zwischen Herrn Stein und Herrn Gerdes. Ziel von Herrn Stein ist es, den verärgerten Kunden zu besänftigen und nach Möglichkeiten zu suchen, wie der Auftrag noch zu beiderseitiger Zufriedenheit abgewickelt werden könnte.

Notizen zur Vorbereitung auf das Telefonat von Herrn Stein:

_____
_____
_____
_____
_____
_____
_____
_____
_____
_____

Notizen zur Vorbereitung auf das Telefonat von Herrn Gerdes:

_____
_____
_____
_____
_____
_____
_____
_____
_____
_____

Lernsituation 6: Sie bearbeiten eine Nicht-rechtzeitig-Lieferung kunden- und kostenorientiert

Die Bodo Lukas KG hat am 10. November bei der Bürodesign GmbH 48 Bürostühle und 46 Schreibtische bestellt. Als Liefertermin wurde 4 Wochen nach Eingang der Bestellung vereinbart. Am 14. Dezember stellt die Bodo Lukas KG fest, dass die bestellten Bürostühle und die Schreibtische noch nicht eingetroffen sind. Bei der telefonischen Rückfrage bei der Bürodesign GmbH erfährt Herr Wischer, der zuständige Sachbearbeiter der Bodo Lukas KG, dass die Bürostühle erst in drei Wochen geliefert werden können.

Herr Wischer besteht auf die sofortige Lieferung und teilt dies der Bürodesign GmbH telefonisch und schriftlich mit. Frau Grell, die Gruppenleiterin der Auftragsbearbeitung, verspricht Herrn Wischer, sich unverzüglich um die Angelegenheit zu kümmern und sich zeitnah bei ihm zu melden.

Bodo Lukas KG

Bodo Lukas KG • Ohmstraße 16 • 76229 Karlsruhe

Bürodesign GmbH
Stolberger Straße 188
50933 Köln

Geschäftsräume
Ohmstraße 16
76229 Karlsruhe
Telefon: 0721 451122
Fax: 0721 451128
www.bueroeinrichtung-lukas.de

Bankverbindung
Postbank Ludwigshafen
BLZ   54510067
Kontonr. 91723146

Ihr Zeichen, Ihre Nachricht vom	Unser Zeichen, unsere Nachricht vom	Telefon, Name	Datum
ge 10. 11. 20..	wr 08. 11. 20..	0721 451124	14. 12. 20..

Bestellung 342 vom 10. November 20../Nicht-rechtzeitig-Lieferung

Sehr geehrte Damen und Herren,

am 10. November 20.. haben wir bei Ihnen 48 Bürostühle *Ergo-design-natur* und 46 Schreibtische *Xama 2000* bestellt. In Ihrer Auftragsbestätigung vom 12. November 20.. haben Sie uns die Lieferung zum 12. Dezember 20.. zugesagt. Leider haben wir bisher keine Lieferung von Ihnen erhalten.

Wir benötigen die Bürostühle und die Schreibtische dringend für einen Kunden, der seine neuen Büroräume bis zum Jahresende beziehen muss. Wir fordern Sie daher auf, uns die Bürostühle und Schreibtische bis spätestens zum 27. Dezember 20.. zu liefern. Wir haben keine Möglichkeit die Zeitspanne bis zu Ihrer voraussichtlichen Lieferung am 04. Januar 20.. mit Ersatzbüromöbeln zu überbrücken.

Sollten Sie unserer Forderung nicht nachkommen, sehen wir uns gezwungen, den Auftrag an ein anderes Unternehmen zu vergeben. Einen möglicherweise höheren Einkaufspreis werden wir Ihnen bei Vornahme des Deckungskaufes in Rechnung stellen.

Wir hoffen, dass Sie Ihrer Lieferverpflichtung nachkommen werden.

Mit freundlichen Grüßen

Bodo Lukas KG
i. A. Wischer
Wischer

© Bildungsverlag EINS GmbH

Lernsituation 6

Beschreibung und Analyse der Situation

Erläutern Sie die Interessen der Bodo Lukas KG bei der Erfüllung des Kaufvertrags durch die Bürodesign GmbH.

_____
_____
_____
_____
_____
_____
_____
_____

Stellen Sie dar, in welcher problematischen Situation sich die Bürodesign GmbH befindet.

_____
_____
_____
_____
_____
_____
_____
_____
_____
_____

Planen

Frau Grell, die Gruppenleiterin der Auftragsbearbeitung, zeigt der Auszubildenden Renate Becker das Schreiben der Bodo Lukas KG und erläutert ihr die Problemlage, in der sich die Bürodesign GmbH befindet.

„Die Bodo Lukas KG ist ein umsatzstarker Kunde, den wir nicht verlieren dürfen. Wir müssen schnell eine Lösung finden, um den Kunden zufriedenzustellen. Im ersten Schritt sollten wir die Rechtslage prüfen, um unseren möglichen Handlungsspielraum festlegen zu können"

Klären Sie die rechtlichen Voraussetzungen für die Nicht-rechtzeitig-Lieferung. Ergänzen Sie dazu das folgende Schaubild.

© Bildungsverlag EINS GmbH

Lernsituation 6

Voraussetzungen für die Nicht-rechtzeitig-Lieferung

```
_____                              _____
```

(grüne Kästen mit „z. B." und Linien; blaue Kästen mit Linien; rechts „oder" mit zwei grünen Kästen)

Überprüfen Sie, ob sich die Bürodesign GmbH im Lieferungsverzug befindet.

_____
_____
_____
_____
_____

Erarbeiten Sie, welche Rechte die Bodo Lukas KG gegenüber der Bürodesign GmbH wahrnehmen könnte.

Rechte ohne Nachfristsetzung:
_____
_____
_____
_____

Rechte mit Nachfristsetzung:
_____
_____
_____
_____
_____

© Bildungsverlag EINS GmbH

Nachfristsetzung entfällt bei:
_____
_____
_____
_____

Vergleichen Sie Ihre Ergebnisse mit der schriftlichen Mahnung der Bodo Lukas KG. Beurteilen Sie die in dem Schreiben gestellten Forderungen an die Bürodesign GmbH.

_____
_____
_____
_____
_____
_____
_____
_____

Durchführen und bewerten

Teilen Sie Ihre Klasse in Gruppen ein. Mindestens je zwei Gruppen sollen aus der Perspektive der Bodo Lukas KG bzw. der Bürodesign GmbH einen begründeten Vorschlag zur Lösung der Situation entwickeln. Lesen Sie zuvor aufmerksam Ihre Rollenkarte.

Rollenkarte für Frau Grell von der Bürodesign GmbH

Ihnen ist erst seit dem Telefonat mit Herrn Wischer bewusst, dass die bestellten Bürostühle und Schreibtische dringend für die Neueinrichtung von Büroräumen eines Kunden der Bodo Lukas KG gebraucht werden. Ihnen ist es sehr wichtig, die Bodo Lukas KG als Kunden zufriedenzustellen. Es wäre Ihnen durch zusätzliche kostenintensive Produktionszeiten möglich, einen Großteil der Bestellung bis zum 27. Dezember 20.. zu realisieren. Noch fehlende Büromöbel könnten bis zur Fertigstellung der restlichen Bürostühle und Schreibtische zur Verfügung gestellt werden. Diese Lösung wäre sehr aufwendig und kostenintensiv. Am liebsten würden Sie aber den Auftrag ohne zusätzliche Kosten realisieren.

Rollenkarte für Herrn Wischer von der Bodo Lukas KG

Sie benötigen die Schreibtische und Bürostühle dringend für einen Kunden, der seine Büroräume bis zum Ende des Jahres einrichten muss. Sie haben keine Möglichkeit, die Zeit bis zum angekündigten Liefertermin mit eigenen Ersatzbüromöbeln zu überbrücken. Sie sind über die Lieferproblematik verärgert, schätzen die Bürodesign GmbH jedoch als zuverlässigen und leistungsstarken Partner. Sie bestehen auf die Lieferung und sind bereit, rechtliche Konsequenzen einzuleiten, falls die Lieferung bis zum 27. Dezember 20.. nicht realisiert wird. Ihnen ist bewusst, dass sie ein wichtiger Kunde der Bürodesign GmbH sind. Sie erwarten, dass der Büromöbelhersteller eine akzeptable Lösung findet.

Lernsituation 6

Unser Vorschlag aus der Perspektive von _____

_____
_____
_____
_____
_____

Unsere Begründung:

_____
_____
_____
_____
_____

Führen Sie die telefonische Verhandlung in zwei Rollenspielen durch. Jede Gruppe bestimmt eine Person, die ihre Position vertritt. Da es sich um ein Telefonat handelt, ist es günstig, wenn die Rollenspieler keinen Blickkontakt haben. Als Beobachter machen Sie sich nach jedem Rollenspiel zunächst einige Notizen, die Ihnen als Grundlage für ein konstruktives Feedback dienen.

Beobachtungsbogen zu den Rollenspielen

Rolle	Herr Wischer			Frau Grell		
Beobachtungsmerkmal:	Die Vorschläge wurden klar und verständlich vorgetragen.					
Kurzbewertung:	☹	😐	☺	☹	😐	☺
Kommentar:						
Beobachtungsmerkmal:	Die Vorschläge wurden nachvollziehbar begründet.					
Kurzbewertung:	☹	😐	☺	☹	😐	☺
Kommentar:						
Beobachtungsmerkmal:	Es wurde auf den Gesprächspartner eingegangen.					
Kurzbewertung:	☹	😐	☺	☹	😐	☺
Kommentar:						
Beobachtungsmerkmal:	Die Bereitschaft zu einem Kompromiss war erkennbar.					
Kurzbewertung:	☹	😐	☺	☹	😐	☺
Kommentar:						
Beobachtungsmerkmal:	Das Gespräch ergab klare Ergebnisse.					
Kurzbewertung:	☹	😐	☺	☹	😐	☺
Kommentar:						

© Bildungsverlag EINS GmbH

Lernergebnisse sichern und vertiefen

Die Bürodesign GmbH ist im vorliegenden Fall durch den Anruf und den Brief der Bodo Lukas KG erst am 14. Dezember 20.. auf die Lieferschwierigkeiten aufmerksam geworden. Die Lieferung wurde allerdings bereits für den 12. Dezember 20.. zugesagt. Machen Sie Vorschläge, wie die Bürodesign GmbH in Zukunft ähnliche Problemsituationen vermeiden kann.

___

Fassen Sie die wichtigsten Ergebnisse aus den beobachteten Verhandlungen zusammen. Welche Verhandlungsstrategie hat sich bewährt?

___

Übung 6.1: Schlechtleistung (mangelhafte Lieferung)

Bearbeiten Sie folgende Fälle zur Schlechtleistung (mangelhaften Lieferung). Klären Sie die jeweilige Rechtslage.

1 Frau Friedrich kauft für die Bürodesign GmbH einen neuen Firmenwagen. Das Fahrzeug wird in der Werbung mit einem Benzinverbrauch von 4 Litern/100 km als besonders sparsam angepriesen. Nach einigen Wochen Nutzung stellt sie fest, dass der durchschnittliche Verbrauch bei 7 Litern/100 km liegt.

___

Lernsituation 6 – Übungsaufgaben

2 Der Auszubildende Torsten Menne kauft sich ein Ergometer der Marke „Scotty". Aufgrund einer fehlerhaften Montageanleitung baut er das Fitnessrad falsch zusammen, sodass es unbrauchbar ist.

3 Silvia Land kauft sich beim Kölner Radhändler Jan Altig ein gebrauchtes Mountainbike des Markenherstellers Downhiller mit einer hochwertigen Ausstattung zum Preis von 1 800,00 €. Im Kaufvertrag wird festgelegt, dass die Gewährleistungsansprüche gemäß § 437 BGB nach Ablauf eines Jahres verjähren. 16 Monate nach dem Kauf bricht Silvia bei einer Trainingsfahrt die rechte Pedale ab.

4 Herr Dohm, der Außendienstleiter der Bürodesign GmbH, kauft 10 neue Notebooks für die Mitarbeiter im Außendienst. Bei der Wareneingangskontrolle der Geräte wird festgestellt, dass 4 Geräte kleine Farbfehler aufweisen.

5 Herr Stein, der Geschäftsführer der Bürodesign GmbH, kauft seiner Frau als Geburtsgeschenk einen Kaffeevollautomaten. Zwei Monate nach dem Kauf funktioniert das Mahlwerk nicht mehr einwandfrei.

© Bildungsverlag EINS GmbH

Übung 6.2: Käuferrechte bei einer Schlechtleistung

Ergänzen Sie das folgende Schaubild zur Schlechtleistung mit den fehlenden Inhalten.

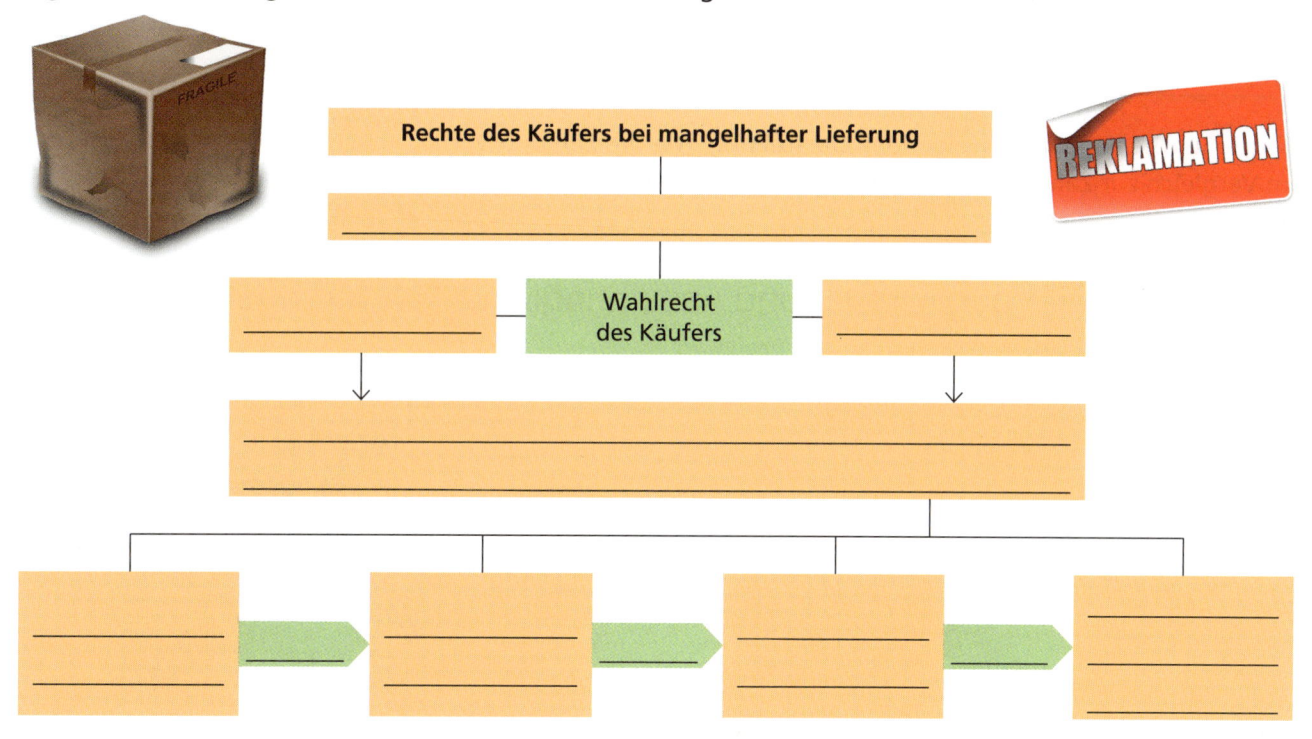

Rechte des Käufers bei mangelhafter Lieferung

_____

_____   Wahlrecht des Käufers   _____

_____

____   →   ____   →   ____   →   ____

Übung 6.3: Nicht-rechtzeitig-Zahlung

Über den „Bisnode-Zahlungsindex" wird ausgewertet, wieviel Prozent der deutschen Unternehmen in einem bestimmten Zeitraum ihre Rechnung pünktlich gezahlt haben.

Beschreiben Sie die Entwicklung der Zahlungsmoral von deutschen Unternehmen im Zeitraum von Januar 2012 bis Januar 2014.

BISNODE ZAHLUNGSINDEX
JUNI 2012 – JUNI 2014

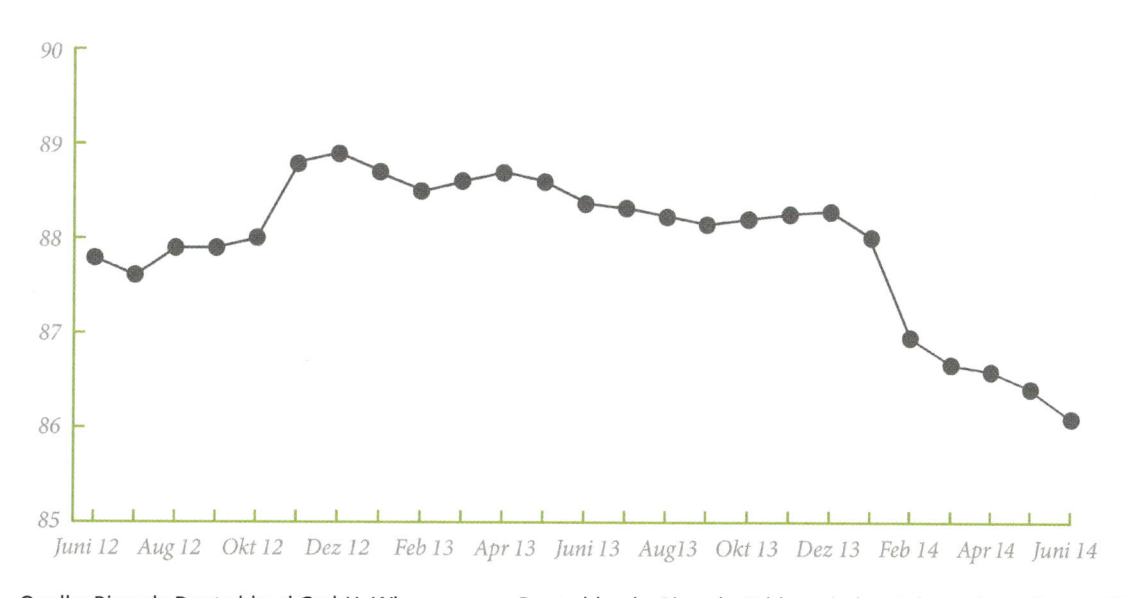

Quelle: Bisnode Deutschland GmbH: Wir vermessen Deutschland – Bisnode-Zahlungsindex. Zuletzt abgerufen am 29.07.2014 unter http://www.bisnode.de/home/whitepaperstudien/bisnode-zahlungsindex/

© Bildungsverlag EINS GmbH

Lernsituation 6 – Übungsaufgaben

___
___
___
___

Beurteilen Sie anhand der folgenden Darstellung, wie das Zahlungsverhalten der deutschen Unternehmen im Vergleich zur Zahlungsmoral in Europa einzuschätzen ist.

Anteil verspätet beglichener und uneinbringlicher Forderungen
Positive Entwicklung der Zahlungsmoral stagniert

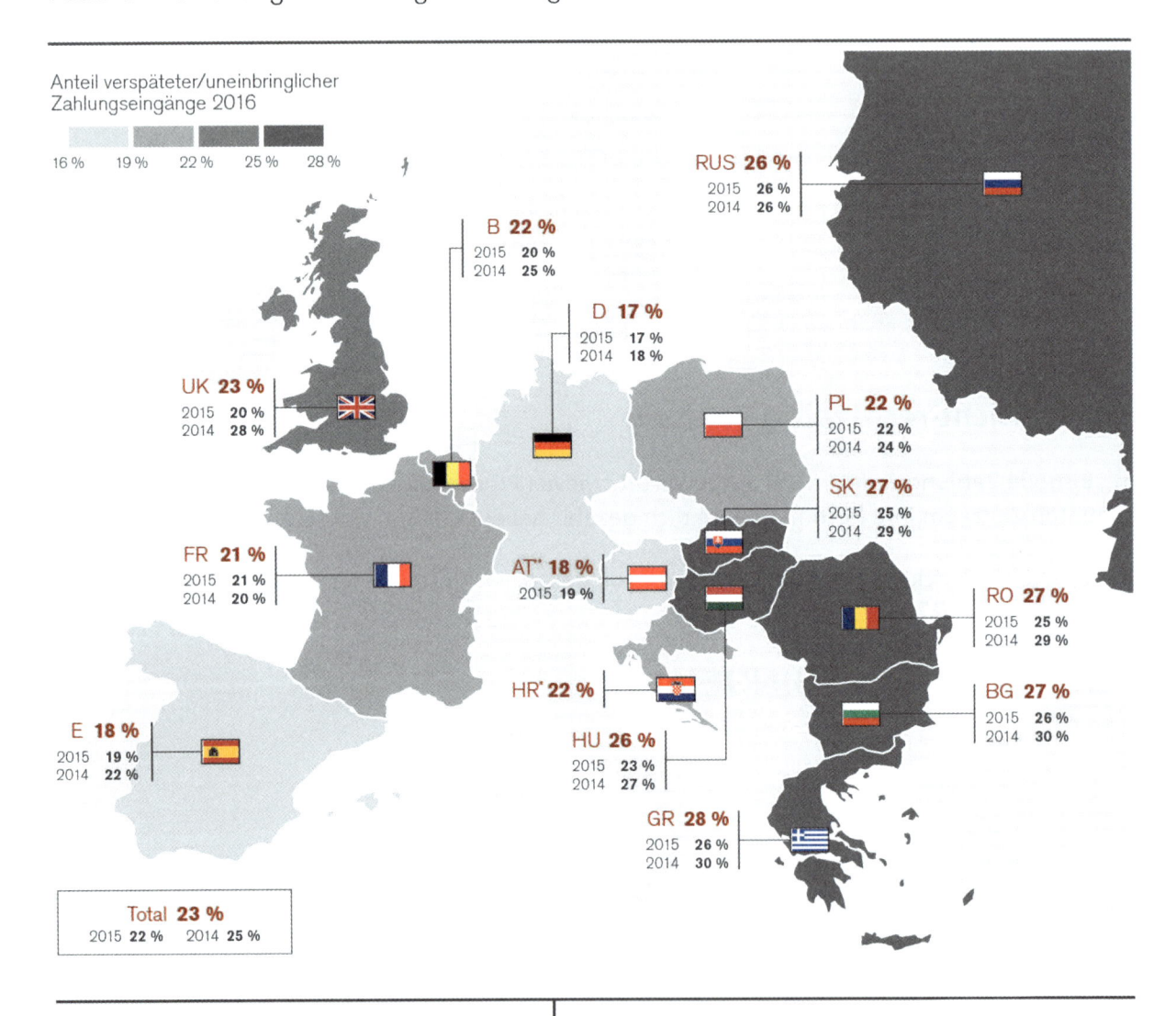

Anteil verspäteter/uneinbringlicher Zahlungseingänge 2016

Land	2016	2015	2014
RUS	26 %	26 %	26 %
B	22 %	20 %	25 %
D	17 %	17 %	18 %
UK	23 %	20 %	28 %
PL	22 %	22 %	24 %
SK	27 %	25 %	29 %
FR	21 %	21 %	20 %
AT**	18 %	19 %	–
RO	27 %	25 %	29 %
HR*	22 %	–	–
BG	27 %	26 %	30 %
E	18 %	19 %	22 %
HU	26 %	23 %	27 %
GR	28 %	26 %	30 %
Total	23 %	22 %	25 %

2016/2015/2014: n=3.812/3.719/3.409
*2014/ 2015 nicht erhoben; **2014 nicht erhoben

Quelle: EOS Studie „Europäische Zahlungsgewohnheiten" 2016/2015/2014

___
___
___
___

LERNGEBIET 11.2

Unternehmensbezogene Informationen computergestützt verarbeiten

Lernsituation 1: Sie verwenden eine Software zur Erstellung einer Präsentation

Die Praktikantin Silvia Land wird in der Berufsschule gebeten, ihren Praktikumsbetrieb, die Bürodesign GmbH, vorzustellen. Sie entscheidet sich, hierfür eine Power-Point-Präsentation zu erstellen.

Sie notiert sich zunächst die leitenden Mitarbeiter ihrer Firma:

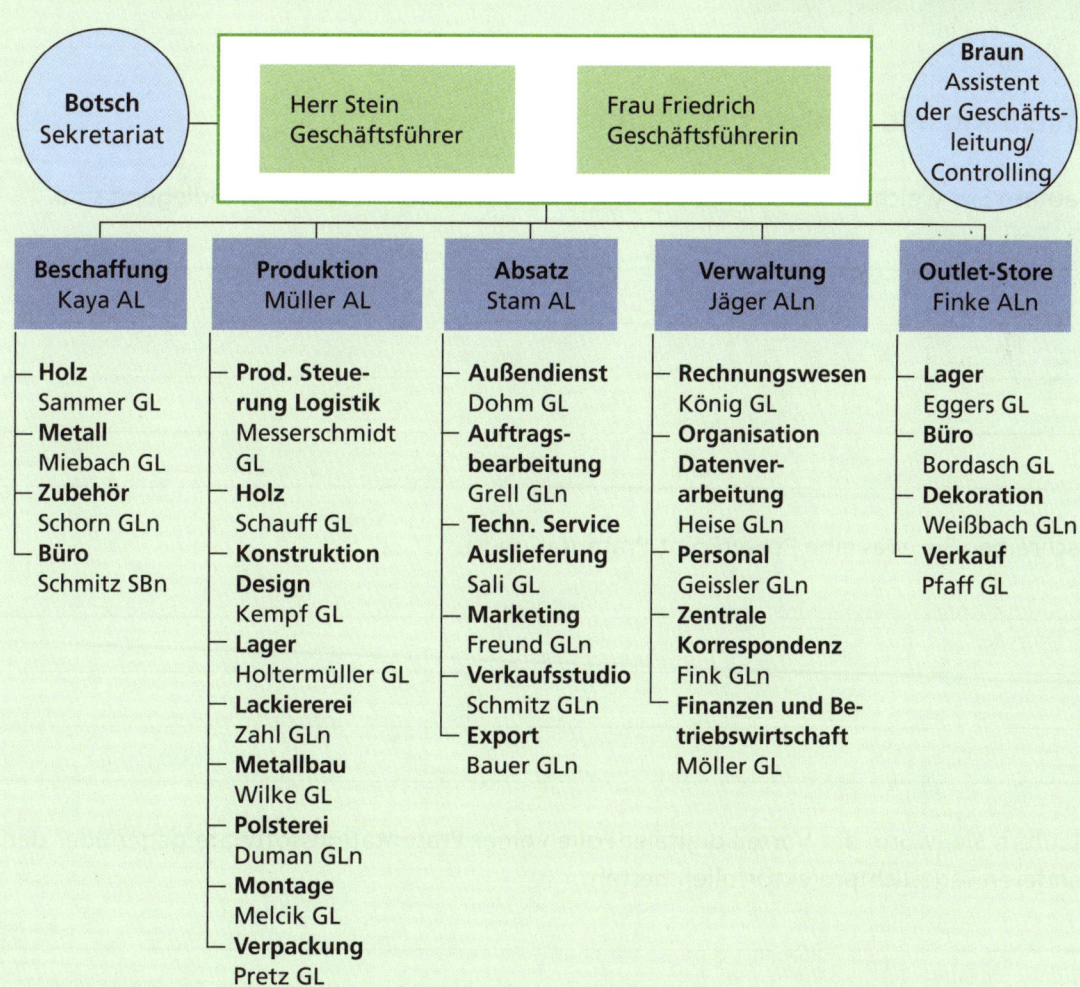

```
    Botsch                Herr Stein            Frau Friedrich             Braun
  Sekretariat         Geschäftsführer          Geschäftsführerin      Assistent
                                                                      der Geschäfts-
                                                                      leitung/
                                                                      Controlling
```

Beschaffung	Produktion	Absatz	Verwaltung	Outlet-Store
Kaya AL	Müller AL	Stam AL	Jäger ALn	Finke ALn

- **Beschaffung**
  - **Holz** Sammer GL
  - **Metall** Miebach GL
  - **Zubehör** Schorn GLn
  - **Büro** Schmitz SBn

- **Produktion**
  - **Prod. Steuerung Logistik** Messerschmidt GL
  - **Holz** Schauff GL
  - **Konstruktion Design** Kempf GL
  - **Lager** Holtermüller GL
  - **Lackiererei** Zahl GLn
  - **Metallbau** Wilke GL
  - **Polsterei** Duman GLn
  - **Montage** Melcik GL
  - **Verpackung** Pretz GL

- **Absatz**
  - **Außendienst** Dohm GL
  - **Auftragsbearbeitung** Grell GLn
  - **Techn. Service Auslieferung** Sali GL
  - **Marketing** Freund GLn
  - **Verkaufsstudio** Schmitz GLn
  - **Export** Bauer GLn

- **Verwaltung**
  - **Rechnungswesen** König GL
  - **Organisation Datenverarbeitung** Heise GLn
  - **Personal** Geissler GLn
  - **Zentrale Korrespondenz** Fink GLn
  - **Finanzen und Betriebswirtschaft** Möller GL

- **Outlet-Store**
  - **Lager** Eggers GL
  - **Büro** Bordasch GL
  - **Dekoration** Weißbach GLn
  - **Verkauf** Pfaff GL

Dann überlegt sie die Produktgruppen des Unternehmens: Arbeiten am Schreibtisch, Warten und Empfang, Konferenzen und Schulen.

© Bildungsverlag EINS GmbH

Über die Kunden und Lieferanten muss sie sich erst informieren. Von Herrn Braun erhält sie die folgenden Daten:

Hauptkunden	
Klassik 2000 GmbH	Umsatz 320 000,00 €
Bodo Lukas KG	Umsatz 185 000,00 €
Bürobedarfsgroßhandel Schneider GmbH & Co. OHG	Umsatz 160 000,00 €
Büromöbel GmbH Europa	Umsatz 95 000,00 €
Klaus Oswald e. K.	Umsatz 95 000,00 €
Hauptlieferanten	
Vereinigte Spanplatte AG	Umsatz 862 000,00 €
Stammes Stahlrohr GmbH	Umsatz 476 850,00 €
Hanckel & Cie GmbH	Umsatz 287 560,00 €
Abels, Wirtz & Co. KG	Umsatz 168 900,00 €
Furnierwerk GmbH	Umsatz 126 000,00 €

Weitere allgemeine Kontaktdaten wie die Anschrift, die Internetadresse und E-Mail entnimmt Silvia einer Informationsbroschüre der Bürodesign GmbH.

Weil sie noch nie mit einer Präsentationssoftware gearbeitet hat, verschafft sie sich zunächst einen Überblick über den Umgang mit der in der Bürodesign GmbH eingesetzten Software *Microsoft PowerPoint*.

Beschreibung und Analyse der Situation

a) Erläutern Sie, welche Überlegungen für Silvia Land in dieser Situation grundlegend sind.

_____
_____
_____
_____
_____

b) Beschreiben Sie, was eine PowerPoint-Präsentation ist.

_____
_____
_____
_____

c) Erläutern Sie, worin der Vorteil digitaler Folien einer Präsentationssoftware gegenüber den früher verwendeten Tageslichtprojektorfolien besteht.

_____
_____
_____
_____

© Bildungsverlag EINS GmbH

d) Beschreiben Sie Einsatzmöglichkeiten von digitalen Präsentationen im Unternehmensumfeld.

_____

_____

e) Sammeln Sie weitere Inhalte, die Silvia Land über die Bürodesign GmbH zur Erstellung der Präsentation heranziehen könnte.

_____

_____

_____

_____

Planen

a) Um sich einen Überblick über den Aufbau von Microsoft PowerPoint zu verschaffen, beschriften Sie bitte die folgende Abbildung.

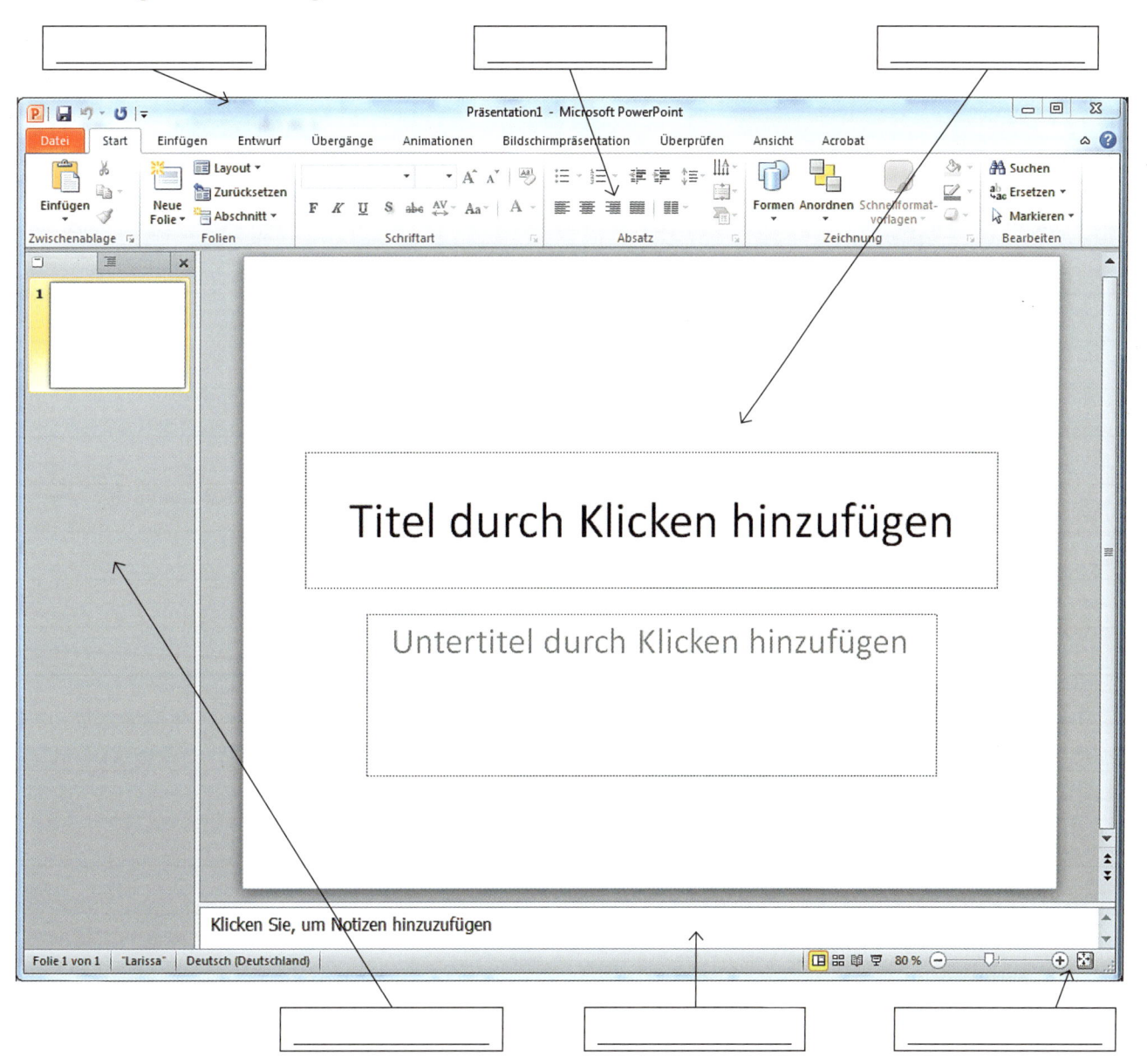

Lernsituation 1

b) Beschreiben Sie kurz die Registerkarten des Ribbons.

c) Beschreiben Sie, wie der Nutzer den Ablauf einer Folienpräsentation gestalten kann.

© Bildungsverlag EINS GmbH

Durchführen und Bewerten

In 10 Schritten zu einer PowerPoint-Präsentation der Bürodesign GmbH

1. Erstellen Sie eine Präsentation, in der Sie die Bürodesign GmbH vorstellen. Verwenden Sie dazu die in der Ausgangssituation vorgegebenen Daten.
   Beginnen Sie mit einer ansprechenden Titelfolie und einer Gliederung auf einer zweiten Folie.
   Fügen Sie im Folienmaster die Firma Bürodesign GmbH ein, sodass sie als Titel auf allen Folien erscheint. Speichern Sie diese Präsentation unter dem Namen *Vorstellung Bürodesign GmbH* ab.

2. In eine dritte Folie fügen Sie einen Kartenausschnitt als Bilddatei ein, auf dem Sie den Standort der Bürodesign GmbH mithilfe der Zeichentools von PowerPoint markieren. Geben Sie neben der Karte die Kontaktdaten des Unternehmens an.

3. Fügen Sie in eine weitere Folie eine Hierarche-SmartArt-Grafik der leitenden Mitarbeiter der Bürodesign GmbH ein.

4. Öffnen Sie eine fünfte Folie, in der Sie die Produktgruppen der Bürodesign GmbH darstellen. Verwenden Sie hierfür eine Zwei-Inhalte-Folie, in der Sie auf den beiden Seiten jeweils zwei Produktgruppen vorstellen.

5. In einer sechsten Folie fügen Sie eine Vergleich-Folie ein, in der Sie jeweils in einem Kreisdiagramm anonymisiert den Anteil der Hauptkunden und der Hauptlieferanten am Umsatz gegenüberstellen.

6. Notieren Sie mit der Notizfunktion die Namen der jeweiligen Kunden und Lieferanten.

7. Erstellen Sie eine letzte Folie, auf der Sie die Homepage der Bürodesign GmbH verlinken und einen weiteren Hyperlink zur E-Mail-Adresse des Unternehmens einfügen.

8. Zum Abschluss fügen Sie noch eine leere Folie für einen Ausklang der Präsentation ein

9. Drucken Sie nun die gesamte Präsentation als Handzettel mit neun Folien vertikal und Folienrahmen aus und heften Sie das Blatt in Ihre Mappe.

10. Vergleichen Sie Ihre Präsentation mit denen Ihrer Mitschüler und geben einander konstruktives Feedback. Verändern und ergänzen Sie Ihre Präsentation gegebenenfalls um sinnvolle Verbesserungen.

Lernergebnisse sichern und vertiefen

1 Erstellen Sie eine Präsentation Ihres Praktikumsunternehmens, indem Sie die Daten der Bürodesign GmbH durch die Daten Ihres Praktikumsbetriebs ersetzen. Ergänzen Sie die Angaben über Ihren Betrieb mit weiteren Angaben, sodass Sie das Unternehmen Ihren Mitschülern vorstellen können. Halten Sie zudem fest, welche Gestaltungselemente Ihnen besonders wichtig sind:

_____
_____
_____
_____

2 Stellen Sie Ihren Praktikumsbetrieb Ihren Mitschülern vor und geben Sie einander konstruktives Feedback über die Gestaltung der Präsentationen.

Lernsituation 1

3 Entwickeln Sie Kriterien für eine gelungene PowerPoint-Präsentation.

_____
_____
_____
_____
_____
_____
_____
_____
_____
_____

4 Starten Sie PowerPoint mit einer leeren Präsentation. Wählen Sie ein Design aus, das Ihrer Praktikumsfirma entspricht und passen Sie es an die Corporate Identity Ihres Betriebs an. Weisen Sie dieses Design als neues Layout Ihrer Masterfolie zu.

5 Erstellen Sie mit WordArt den Logo-Schriftzug Ihres Praktikumsunternehmens. Falls dies nicht möglich ist, entwerfen Sie einen für Ihren Betrieb passenden Schriftzug.

6 Fügen Sie in einer leeren Folie ein Video ein. Bearbeiten Sie es, indem Sie es schwarzweiß darstellen und mit einem Videorahmen umgeben. Positionieren Sie es mit einer 3-D-Drehung als Videoeffekt.
Fügen Sie zwei Sprungmarken ein, die jeweils einen markanten Punkt in dem Video markieren, und probieren Sie Ihr Ergebnis aus.

7 Fügen Sie der Präsentation die Übergangsart *Vorhänge* für alle Folien hinzu.

8 Erstellen Sie zusätzlich einen Übergang mit dem Sound *Applaus* mit einer Sekunde Dauer.

9 Ergänzen Sie die Animationen beim Folienübergang mit der Animation *Wachsen und Bewegen*.

© Bildungsverlag EINS GmbH

Lernsituation 2: Sie nutzen Tabellenkalkulationen zur Unterstützung betriebswirtschaftlicher Prozesse

Die Praktikantin Silvia Land ist zurzeit in der Abteilung Absatz eingesetzt. Der Abteilungsleiter Herr Stam hat gemeinsam mit der Geschäftsleitung beschlossen, zum Frühjahr einen neuen Katalog herauszubringen.

Herr Stam führt aus: „Hallo Frau Land. Wie ich Ihnen bereits mitgeteilt habe, werden wir in Kürze einen neuen Kundenkatalog herausbringen. Neben einigen Innovationen, die wir anbieten werden, müssen wir unbedingt unser Handelswarensortiment neu kalkulieren. Unsere Konkurrenz, insbesondere im Internet, macht mir große Sorgen. Nach dem folgenden Schema berechnen wir unsere Verkaufspreise."

Herr Stam legt eine handgeschriebene Tabelle vor:

Berechnung des Verkaufspreises des Artikels „Regalsystem Budget"

Listeneinkaufspreis[1]		€ 200,00
+ Handlungskostenzuschlag	40 %	€ 80,00
= Selbstkostenpreis		€ 280,00
+ Gewinnzuschlag	10 %	€ 28,00
= Listenverkaufspreis		€ 308,00

„Bisher haben wir auf den Einkaufspreis einen **Handlungskostenzuschlag** (HKZ) von 40 % aufgeschlagen, um unsere Personalkosten, Energiekosten usw. zu decken. Darauf kommt ein **Gewinnzuschlag** in Höhe von 10 %.

Ich habe hier einen Ausdruck einer Excel-Tabelle mit unseren aktuellen Einkaufspreisen unserer Handelswaren: Kalkulieren Sie das mal bitte für die gesamte Warengruppe durch, wenn wir beide Zuschläge **halbieren**. Mit einer Tabellenkalkulation ist das ja schnell gemacht."

	A	B	C
1	Handelswarensortiment		
2	Warengruppe 1		
3	Artikel-Nr.	Artikelbezeichnung	Listeneinkaufspreis in EUR
4	335B927	Regalsystem Budget	200,00 €
5	235B614	LED-Schreibtischlampe Iluna	249,58 €
6	230B912	Halogen-Schreibtischlampe Nocta	53,75 €
7	230B920	Ablagekorb, Modell "P"	37,08 €
8	229B906	Stiftehalter Exklusiv	32,92 €
9	155B440	Stiftehalter Klassik	16,25 €
10	150B391	Rollcontainer Challenge	582,92 €
11	149B393	Papierkorb Schweden	32,92 €
12	261B289	Schrankbeleuchtung Pluto	220,84 €

Silvia Land ist noch etwas unsicher in dem Umgang mit einem Tabellenkalkulationsprogramm. Daher verschafft sie sich zunächst einen Überblick über die Situation und den Umgang mit Tabellenkalkulationsprogrammen. In der Bürodesign GmbH wird dazu das marktführende Programm *Microsoft Excel 2010* eingesetzt.

---

[1] Zur Vereinfachung wird davon ausgegangen, dass der Listeneinkaufspreis = Bezugspreis ist (Lieferrabatt und Lieferskonto entfallen). Zudem wird auf Kundenskonto und -rabatt verzichtet.

© Bildungsverlag EINS GmbH

Lernsituation 2

Beschreibung und Analyse der Situation

a) Beschreiben Sie das Problem, das sich für die Bürodesign GmbH stellt, und welcher Auftrag durch den Abteilungsleiter, Herrn Stam, erteilt wird.

_____
_____
_____
_____
_____
_____
_____
_____

b) Erläutern Sie kurz die betriebswirtschaftlichen Probleme, die sich mit der Halbierung der Zuschläge ergeben

_____
_____
_____
_____
_____
_____

c) Zeichnen Sie eine Tabelle zur Berechnung nach dem Muster von Herrn Stam auf. Kalkulieren Sie anhand der Vorgaben „per Hand" den Verkaufspreis des Artikels LED-Schreibtischlampe Iluna (runden Sie ggf. auf zwei Nachkommastellen).

d) Beschreiben Sie die Vorteile, die sich Herr Stam durch die Nutzung einer Tabellenkalkulation bei der hier vorliegenden Aufgabe verspricht.

_____
_____
_____

Planen

a) Um sich einen Überblick über die Bedienung und Funktionen von Microsoft Excel 2010 zu verschaffen, beschriften Sie bitte die folgende Abbildung.

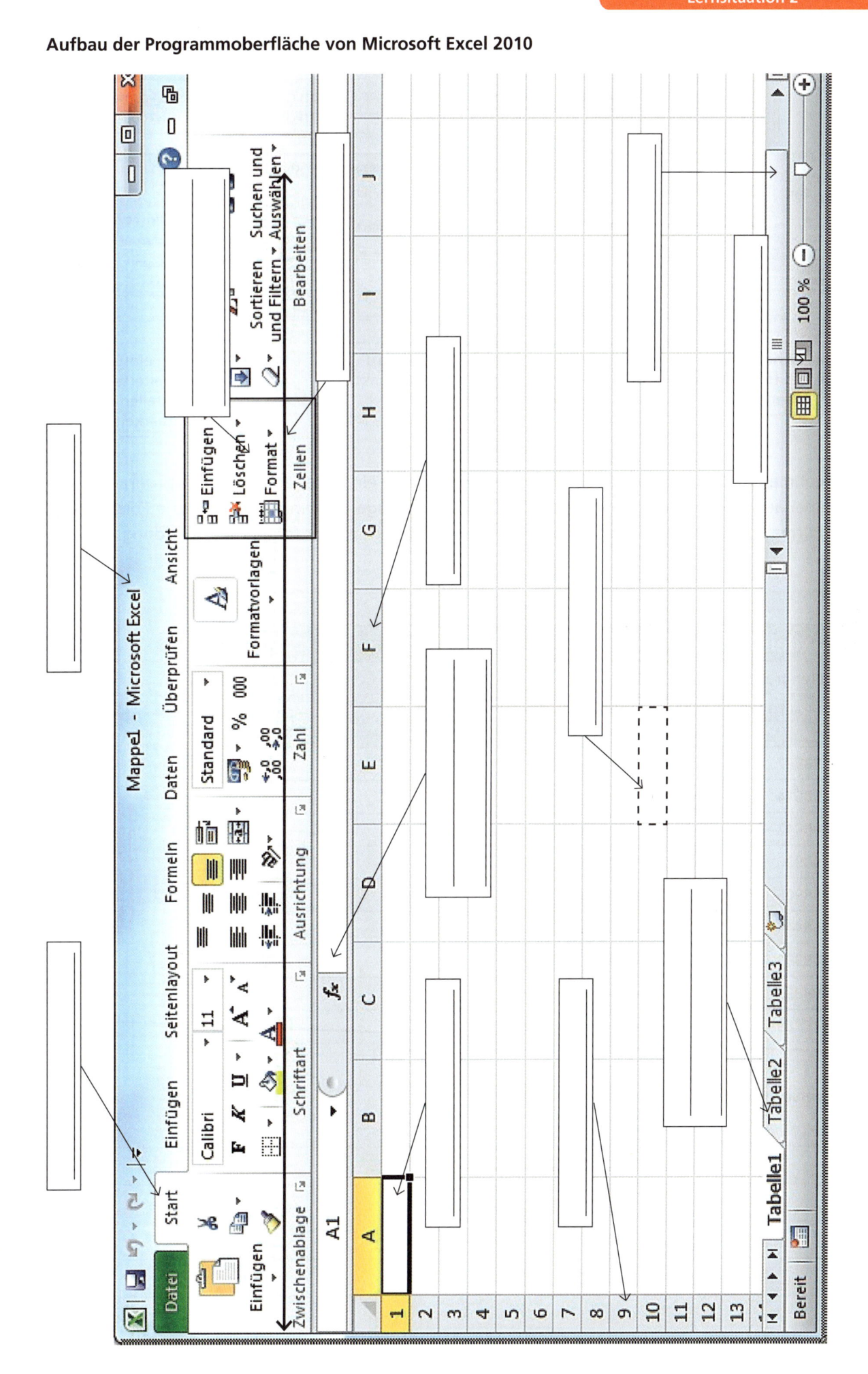

Aufbau der Programmoberfläche von Microsoft Excel 2010

Lernsituation 2

Folgende Möglichkeiten zur Formatierung stehen bei Microsoft Excel 2010 zur Verfügung:

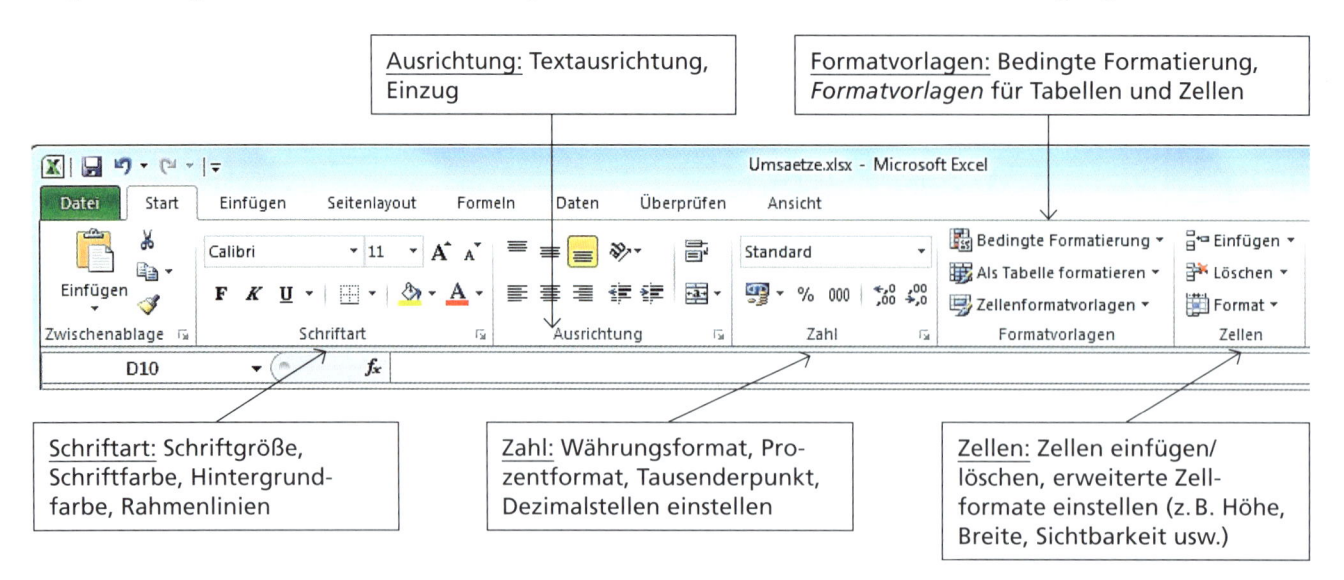

Ausrichtung: Textausrichtung, Einzug

Formatvorlagen: Bedingte Formatierung, *Formatvorlagen* für Tabellen und Zellen

Schriftart: Schriftgröße, Schriftfarbe, Hintergrundfarbe, Rahmenlinien

Zahl: Währungsformat, Prozentformat, Tausenderpunkt, Dezimalstellen einstellen

Zellen: Zellen einfügen/löschen, erweiterte Zellformate einstellen (z. B. Höhe, Breite, Sichtbarkeit usw.)

b) Übernehmen Sie die Tabelle aus der Ausgangssituation in ein Tabellenkalkulationsprogramm. Achten Sie dabei auf eine angemessene Darstellung laut der Vorlage. Zählen Sie auf, welche Formatierungen bzw. Formate eingestellt werden müssen. Orientieren Sie sich an der folgenden Abbildung.

	A	B	C
1	**Handelswarensortiment**		
2	Warengruppe 1		
3	Artikel-Nr.	Artikelbezeichnung	Listeneinkaufspreis in EUR
4	335B927	Regalsystem Budget	200,00 €
5	235B614	LED-Schreibtischlampe Iluna	249,58 €
6	230B912	Halogen-Schreibtischlampe Nocta	53,75 €
7	230B920	Ablagekorb, Modell "P"	37,08 €
8	229B906	Stiftehalter Exklusiv	32,92 €
9	155B440	Stiftehalter Klassik	16,25 €
10	150B391	Rollcontainer Challenge	582,92 €
11	149B393	Papierkorb Schweden	32,92 €
12	261B289	Schrankbeleuchtung Pluto	220,84 €

Es sind verschiedene Einstellungen vorzunehmen:

c) Erstellen Sie eine **allgemeine** Übersicht von häufig verwendeten Formeln und **Funktionen** eines Tabellenkalkulationsprogramms. Orientieren Sie sich dabei an dem Beispiel in den ersten Zeilen.

Funktion	Syntax (Schreibweise in Excel)
Grundrechenarten	=Zelle1+Zelle2*Zelle3 z. B.: =A1+A2*B6
Berechnung von Summen	=SUMME(Bereichsangabe) z. B.: =SUMME(C3:C6)
Minimum (kleinsten Wert eines Bereiches ermitteln)	=MIN(Bereichsangabe) z. B.: =MIN(C3:C6)

© Bildungsverlag EINS GmbH

d) Erklären Sie die Begriffe absolute und relative Adressierungen. Beschreiben Sie anschließend, warum es sinnvoll ist, auch absolute Bezüge in dem Ausgangsbeispiel einzusetzen.

Relative Adressierung:

_____
_____
_____
_____
_____
_____
_____

Absolute Adressierung:

_____
_____
_____
_____

Warum ist es sinnvoll absolute Bezüge in dem Ausgangsbeispiel einzusetzen? Erklären Sie:

_____
_____
_____
_____
_____

Durchführen

Berechnen Sie nun die Verkaufspreise. Öffnen Sie die bereits erstellte Arbeitsmappe und ergänzen Sie zunächst eine Hilfstabelle, in der Sie die wichtigsten Parameter aus der Ausgangssituation auflisten. **Orientieren Sie sich bei dem Aufbau der Tabelle an der Abbildung auf der folgenden Seite!**

Beziehen Sie sich auf die Hilfstabelle, indem Sie bei der Berechnung der Werte absolute und relative Zellbezüge einsetzen. Achten Sie auf eine angemessene und übersichtliche Formatierung Ihrer Tabelle. Vervollständigen Sie die **Ergebnisse** in den nachfolgenden Screenshots (graue Kästchen).

© Bildungsverlag EINS GmbH

Lernsituation 2

	A	B	C	D	E	F	G
1	Handelswarensortiment						
2	Warengruppe 1						
3	Artikel-Nr.	Artikelbezeichnung	Listen-einkaufs-preis in EUR	Hand-lungs-kosten-zuschlag	Selbst-kosten-preis	Gewinn-zuschlag	Listen-verkaufs-preis
4	335B927	Regalsystem Budget	200,00 €	40,00 €	240,00 €	12,00 €	252,00 €
5	235B614	LED-Schreibtischlampe Iluna	249,58 €	49,92 €	299,50 €	14,97 €	314,47 €
6	230B912	Halogen-Schreibtischlampe Nocta	53,75 €				
7	230B920	Ablagekorb, Modell "P"	37,08 €				
8	229B906	Stiftehalter Exklusiv	32,92 €				
9	155B440	Stiftehalter Klassik	16,25 €	3,25 €	19,50 €	0,98 €	20,48 €
10	150B391	Rollcontainer Challenge	582,92 €	116,58 €	699,50 €	34,98 €	734,48 €
11	149B393	Papierkorb Schweden	32,92 €	6,58 €	39,50 €	1,98 €	41,48 €
12	261B289	Schrankbeleuchtung Pluto	220,84 €	44,17 €	265,01 €	13,25 €	278,26 €
13							
14	Hilfstabelle:	Handlungskotenzuschlag (HKZ):	20 %				
15		Gewinnzuschlag:					

Ergänzen Sie die Formeln:

D6: _____ D7: _____

E6: _____ E7: _____

F6: _____ F7: _____

G6: _____ G7: _____

Bewerten

a) Vergleichen Sie Ihre Lösungen mit einem anderen Paar. Kontrollieren Sie dabei gegenseitig die genutzten Formeln. Geben Sie sich auch gegenseitig Feedback zu Formatierungen und Übersichtlichkeit der Tabellen.

b) Führen Sie in der Klasse eine Diskussion durch:
Soll die Bürodesign GmbH die Preise aller Produkte mit einer ähnlichen Kalkulation bestimmen? Sammeln Sie zunächst Vorteile in der folgenden Tabelle. Halten Sie dann fest, welche Schwächen diese Kalkulation hat bzw. welche weiteren Faktoren noch berücksichtigt werden sollten.

© Bildungsverlag EINS GmbH

Vorteile	Schwächen/notwendige Ergänzungen

Lernergebnisse sichern und vertiefen

a) Aufgrund der umfassenden Nutzungsmöglichkeiten werden Tabellenkalkulationsprogramme in einer Vielzahl von Unternehmen eingesetzt. In nahezu allen Abteilungen finden sich Einsatzmöglichkeiten. Zählen Sie zunächst mindestens drei konkrete Beispiele aus Ihrem Praktikumsbetrieb auf, in denen Tabellenkalkulationsprogramme zum Einsatz kommen. Nennen Sie anschließend mögliche Einsatzgebiete von Tabellenkalkulationsprogrammen in der Bürodesign GmbH. Zählen Sie auch hier mindestens drei Beispiele je Abteilung auf.

Beispiele aus Ihrem Praktikumsbetrieb:

Anwendungsbeispiele von Tabellenkalkulationen in der Bürodesign GmbH	
Abteilung	Einsatzmöglichkeit
Beschaffung	● Angebotsvergleich
Produktion	

Anwendungsbeispiele von Tabellenkalkulationen in der Bürodesign GmbH	
Abteilung	Einsatzmöglichkeit
Absatz	
Verwaltung	

Übung 2.1: Grundrechenarten

Vervollständigen Sie die Formeln in der Abbildung (graue Kästchen).

	A	B	C	D	E
1				Ergebnis	Formel
2	*Addition:*				
3		1	1			
4		6	9			
5		2	8	10		
6						
7	*Subtraktion:*				
8		100	10			
9		100	899	90		
10						
11	*Multiplikation:*				
12		2	2			
13		2	3	100		
14						
15	*Division:*				
16		50	10			
17		500	10	10		

© Bildungsverlag EINS GmbH

Übung 2.2: Benutzerdefinierte Formate und bedingte Formatierung

a) Übernehmen Sie die nachfolgende Tabelle in eine Arbeitsmappe und wenden Sie die entsprechenden Formatierungen wie in der Vorlage an. Beachten Sie, dass unter anderem ein benutzerdefiniertes Format („St.") eingestellt werden muss.

	A	B	C	D	E	F
1	**Absatzzahlen in der Produktgruppe Konferenz und Schulung**					
2	Quartal 4					
3	*Produkt/Monat*	Oktober	November	Dezember	Summe	*Zielvorgabe*
4	Konferenztisch Logo	13 St.	10 St.	50 St.	73 St.	50 St.
5	Stuhl Stapler	55 St.	56 St.	59 St.	170 St.	50 St.
6	Stuhl Konzentra	65 St.	40 St.	55 St.	160 St.	50 St.
7	Regalsystem Wikinger	17 St.	68 St.	26 St.	111 St.	50 St.
8	**Summe**	150 St.	174 St.	190 St.	514 St.	

b) Wenden Sie bedingte Formatierungen auf die Tabelle an, sodass alle Werte im Bereich B4:D7 kleiner 50 Stück fett und in roter Schriftfarbe erscheinen. Alle Zahlen größer oder gleich 50 sollen kursiv und mit blauem Hintergrund ausgegeben werden.

Drucken Sie diese Tabelle aus und kleben Sie sie hier ein.

© Bildungsverlag EINS GmbH

Übung 2.3: Einfache Funktionen

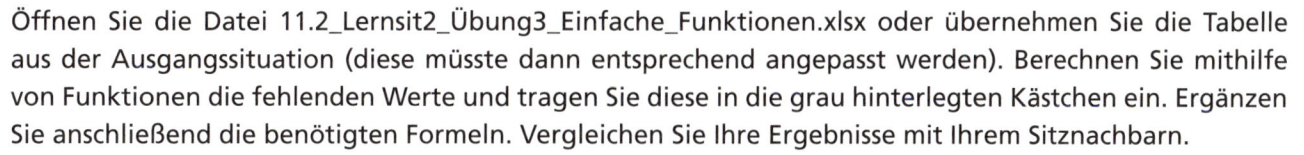

Öffnen Sie die Datei 11.2_Lernsit2_Übung3_Einfache_Funktionen.xlsx oder übernehmen Sie die Tabelle aus der Ausgangssituation (diese müsste dann entsprechend angepasst werden). Berechnen Sie mithilfe von Funktionen die fehlenden Werte und tragen Sie diese in die grau hinterlegten Kästchen ein. Ergänzen Sie anschließend die benötigten Formeln. Vergleichen Sie Ihre Ergebnisse mit Ihrem Sitznachbarn.

	A	B	C	D
1	**Handelswarensortiment**			
2	**Warengruppe 1**			
3	Artikel-Nr.	Artikelbezeichnung	Listeneinkaufspreis in EUR	Listenverkaufspreis
4	335B927	Regalsystem Budget	200,00 €	252,00 €
5	235B614	LED-Schreibtischlampe Iluna	249,58 €	314,47 €
6	230B912	Halogen-Schreibtischlampe Nocta	53,75 €	67,73 €
7	230B920	Ablagekorb, Modell "P"	37,08 €	46,72 €
8	229B906	Stiftehalter Exklusiv	32,92 €	41,48 €
9	155B440	Stiftehalter Klassik	16,25 €	20,48 €
10	150B391	Rollcontainer Challenge	582,92 €	734,48 €
11	149B393	Papierkorb Schweden	32,92 €	41,48 €
12	261B289	Schrankbeleuchtung Pluto	220,84 €	278,26 €
13		Summe	1 426,26 €	1 797,09 €
14		Summe, gerundet (1 Nachkommastellen)		
15		Maximum		
16		Minimum		
17		Durchschnitt		
18		Anzahl Artikel		

Formeln:

C13: _____

C14: _____

C15: _____

C16 _____

C17: _____

C18: _____

Übung 2.4: Zählenwenn und Summewenn

Öffnen Sie die Datei 11.2_LS2_Übung4_Zählenwenn.xlsx oder übernehmen Sie die Tabelle in eine Arbeitsmappe. Berechnen Sie mithilfe der Funktionen Zählenwenn und Summewenn die fehlenden Werte. Ergänzen Sie zunächst die Ergebnisse in der Tabelle und geben Sie die benötigten Formeln an.

Vergleichen Sie anschließend Ihre Ergebnisse mit Ihrem Tischnachbarn.

Zusatzaufgabe: Zwei Berechnungen lassen sich nur mit den Funktionen Zählenwenns und Summewenns durchführen. Recherchieren Sie in der Excel-Hilfe und ggf. im Internet nach Lösungswegen.

	A	B	C	D
1	Umsatzliste Produktionsprogramm Januar			
2				
3	Produkt-Nr.	Umsatz	Modelljahr	
4	211/64	6 123,45 €	aktuell	
5	212/55	11 950,73 €	aktuell	
6	203/3	1 335,89 €	Vorjahr	
7	205/3	6 390,02 €	aktuell	
8	206/8	4 672,57 €	Vorjahr	
9	207/3	3 416,73 €	Vorjahr	
10	444/4	2 498,41 €	Vorjahr	
11	444/1	1 826,91 €	aktuell	
12	444/1	16 343,32 €	Vorjahr	
13	Summen:			
14				Ergebnis
15	Anzahl der Produkte mit einem Umsatz über EUR 6 000			
16	Anzahl der Produkte des aktuellen Modelljahres			
17	Anzahl der Produkte des aktuellen Modelljahres mit einem Umsatz unter EUR 7 000			
18	Summe der Umsätze von Vorjahresmodellen			
19	Summe der Umsätze der Vorjahresmodelle mit einem Umsatz > EUR 4 000			

Formeln:

D15: _____

D16: _____

D17: _____

D18: _____

D19: _____

Übung 2.5: Ein Diagramm mit einem Tabellenkalkulationsprogramm erstellen

a) Entscheiden Sie, welche Diagrammtypen für die folgenden Beispiele geeignet sind. Kreuzen Sie an.

Diagrammtyp	Linien-diagramm	Säulen-/Balken-diagramm	Kreis-diagramm
Vergleich von Absatzzahlen von neun Vertriebsmitarbeitern			
Umsatzentwicklung einer Handelskette über drei Jahre			
Verlauf von Verkaufszahlen innerhalb des Geschäftsjahres			
Stimmenanteile bei einer Abstimmung			
Anteil von einzelnen Produkten am Gewinn			
Vergleich von Importzahlen deutscher Büromöbelhändler			

b) Öffnen Sie die Datei 11.2_LS2_Umsatzliste_Filialen.xlsx oder übernehmen Sie die nachfolgende Tabelle. Erstellen Sie mit einem Tabellenkalkulationsprogramm ein Säulendiagramm aus den Datenreihen *Wittmund* und *Jever*. Die Diagrammüberschrift soll „Vergleich von Umsatzzahlen" lauten.

	A	B	C
1	**Umsatzliste Filialen**		
2			
3	Monat	Wittmund	Jever
4	Januar	12 321,00 €	13 546,00 €
5	Februar	13 544,00 €	12 123,00 €
6	März	14 566,00 €	16 544,00 €
7	April	12 350,41 €	13 121,00 €
8	Mai	19 213,00 €	21 236,00 €
9	Juni	26 454,00 €	25 465,00 €
10	Juli	32 128,77 €	30 156,00 €
11	August	28 123,00 €	30 854,00 €
12	September	19 456,00 €	17 654,00 €
13	Oktober	15 321,00 €	14 123,00 €
14	November	14 321,00 €	10 321,00 €
15	Dezember	26 786,00 €	27 456,00 €
16	Summe	234 584,18 €	232 599,00 €

© Bildungsverlag EINS GmbH

c) Beschreiben Sie detailliert die Schritte, die zur Erstellung des Diagramms notwendig sind:

_____
_____
_____
_____
_____
_____
_____
_____
_____

d) Drucken Sie das Diagramm aus und kleben Sie den Ausschnitt an dieser Stelle ein:

e) Übernehmen Sie die folgenden Werte in eine Tabelle und erstellen Sie ein anschauliches Liniendiagramm. Drucken Sie das Diagramm aus und kleben Sie es in das Arbeitsheft:

Regentage Wittmund (Ostfriesland)			
Monat	Regentage	Anzahl	
Januar	19	Juli	17
Februar	17	August	17
März	13	September	16
April	15	Oktober	18
Mai	13	November	19
Juni	15	Dezember	20

Quelle: Niederschlagswerte nach Deutschem Wetterdienst, Normalperiode 1961–1990, Wittmund-Blersum

© Bildungsverlag EINS GmbH

Lernsituation 3: Sie argumentieren für die Wahl eines ERP-Systems

Silvia Land und Torsten Menne absolvieren ein Praktikum bei der Bürodesign GmbH. Sie nehmen heute an einer Besprechung der Geschäftsleitung und der Abteilungsleiter teil.

Herr Stein und Frau Friedrich, die Geschäftsführer berichten:

„In den letzten Monaten sind immer wieder Probleme bei der Bearbeitung von Kundenaufträgen, Bestellungen, Lieferungen und Zahlungen aufgetreten. Zum Beispiel bekamen Kunden die falschen Produkte geliefert, weil die Produkte im Lager unter einer anderen Materialnummer geführt werden als im Absatz. Materialien, die in die Produktion gehen sollten, konnten am Lager nicht gefunden werden, weil sie gar nicht mehr vorhanden waren oder an einem anderen Lagerplatz gelagert wurden als auf den Materialkarten von Produktion und Beschaffung verzeichnet. Auch die Lagerbestände, die in den einzelnen Abteilungen auf den Materialkarten erfasst wurden, waren immer wieder unterschiedlich. Kunden bekamen ihre Lieferungen an eine falsche Adresse geliefert, nachdem sie umgezogen sind, weil die neue Adresse nur vom Lager und nicht vom Absatz erfasst worden ist, wo der Lieferschein erstellt wird. Aber wir scheinen auch Probleme mit der Kommunikation zu haben. So mussten unsere Lagermitarbeiter bei Anlieferungen vermehrt nachfragen, ob überhaupt eine Lieferung erwartet wurde. Nicht einmal über versendete Bestellungen wurden die Lagermitarbeiter informiert. Materialien wurden durch fehlende Informationen aus dem Lager zu spät bestellt, Kunden konnten so nicht rechtzeitig beliefert werden, weil durch die fehlenden Materialien die Produkte nicht rechtzeitig hergestellt werden konnten. Informationen von Materiallieferungen mit schlechter Qualität gelangten nicht oder nur verzögert in den Bereich Beschaffung. Dadurch kam es vermehrt zu Lieferungen, die zurückgesendet werden mussten, bevor der Bereich Beschaffung mitbekommen hatte, dass der Lieferant unbedingt gewechselt werden muss. Dadurch traten wiederum Produktionsstockungen und Lieferverzögerungen auf. Fehlende Zahlungseingänge wurden von der Finanzbuchhaltung nicht an den Vertrieb weitergeleitet, sodass Kunden mit einer schlechter Zahlungsmoral weiterhin Produkte von uns erhalten haben. Und wenn wir als Geschäftsleitung Daten für Entscheidungen benötigen, müssen wir erst einmal alle Daten von allen Abteilungen zusammenfügen, damit wir uns überhaupt ein Bild machen können.

Das kann so nicht weiter gehen. Die Uhr tickt. Wir erwarten Lösungsvorschläge von Ihnen. Am Ende des Tages benötigen wir einen klaren Vorschlag, der unsere Probleme löst."

Silvia und Torsten sind erstaunt, dass so viele Probleme auftreten können. Eigentlich müssen doch die Abläufe in einem Unternehmen klar strukturiert sein. In der Schule haben sie von ERP-Systemen gehört, die diese Abläufe unterstützen. Ob die eine Lösung für die vielen Problem sein können?

© Bildungsverlag EINS GmbH

Lernsituation 3

Beschreibung und Analyse der Situation

Arbeiten Sie die Probleme, die bei der Bürodesign GmbH derzeit bestehen, heraus. Ordnen Sie diesen mögliche Ursachen zu.

Problembeschreibungen	Mögliche Ursachen

Fassen Sie die Ursachen kurz zusammen.

Die Ursachen für die Probleme der Bürodesign GmbH liegen in:

_____
_____
_____
_____

© Bildungsverlag EINS GmbH

Planen

Erarbeiten Sie die Vorteile und die Nachteile von ERP-Systemen mithilfe von Lehrbuch und Internet und stellen Sie diese in einer Tabelle gegenüber.

Vorteile	Nachteile
Förderung oder Beibehaltung der Wettbewerbsfähigkeit gegenüber Konkurrenten, deren Effizienz ebenfalls durch ein ERP-System gesteigert worden ist	lange Einführungszeiten

Entscheiden Sie in der Gruppe, ob ein ERP-System die Probleme der Bürodesign GmbH lösen kann, und begründen Sie Ihre Antwort.

Lernsituation 3

_____
_____
_____
_____
_____
_____
_____

Entscheidet sich die Geschäftsleitung eines Unternehmens für die Einführung eines ERP-Systems, so kann sie aus einer Vielzahl von Systemen wählen. Bewerten Sie die in der folgenden Tabelle genannten Kriterien für die Wahl eines ERP-Systems aus Sicht der Geschäftsleitung der Bürodesign GmbH. Ergänzen Sie ggf. weitere Kriterien, die Ihrer Meinung nach berücksichtigt werden sollten.

Entscheidungskriterium	Erläuterung: Die Bürodesign GmbH sucht ein ERP-System, das ...	Gewichtung		
		+++	++	+
Geschäftsprozesse	... die Geschäftsprozesse des Unternehmens und die gewünschten Funktionalitäten abbildet.			
Geschäftsprozess-integration	... Arbeitsschritte verschiedener Unternehmensbereiche, die parallel erfolgen können, gleichzeitig ausführt.			
Anpassungsfähigkeit	... die Möglichkeit bietet, die vorhandenen Standardprozesse durch Customizing an die Prozesse des Unternehmens anzupassen.			
Skalierbarkeit	... die Möglichkeit bietet, zukünftig die Kapazitäten auszuweiten, z. B. zusätzliche Clients anzubinden, Speicherkapazitäten zu erweitern.			
Technologie	... die gewünschte Technologie wie z. B. verwendete Programmiersprache, verwendete Datenbank, genutztes Betriebssystem, Möglichkeit der Programmierung, bietet.			
Zugriffe auf das System	... die gewünschten Zugriffsarten, z. B. über den gewünschten Browser, und Zugriff mit gewünschtem Equipment, z. B. über ein Smartphone, bietet.			
Anbindung von vorhandenen Systemen	... es ermöglicht, bereits vorhandene andere Systeme mit anzubinden, um diese weiter nutzen zu können.			
Bedienerfreundlichkeit	... eine übersichtliche, benutzerfreundliche intuitive Oberfläche besitzt.			
Einführungszeit	... innerhalb einer festgesetzten Zeit eingeführt werden kann.			
Einführungskosten technisch	... es ermöglicht, die Kosten der Einführung aus technischer Sicht zu planen.			
Schulungskosten für Mitarbeiter	... es ermöglicht, die Kosten für Mitarbeiterschulungen zu planen.			
Preis-Leistungsverhältnis	...ein günstiges/angemessenes Preis-Leistungsverhältnis, z. B. Lizenzen, aufweist.			
_____	_____			
_____	_____			

© Bildungsverlag EINS GmbH

Erstellen Sie eine Argumentationskette auf einem Flipchart oder einem Plakat, welche die Geschäftsführung der Bürodesign GmbH dazu bringen soll, sich für die Anschaffung eines ERP-Systems zu entscheiden. Berücksichtigen Sie dabei die Hauptschritte in der folgenden Reihenfolge:

1. Probleme der Bürodesign GmbH,
2. Empfehlung eines ERP-Systems und
3. die 5 wichtigsten Kriterien mit Begründung, die bei der Entscheidung für ein ERP-System herangezogen werden sollen.

Probleme der Bürodesign GmbH

unterschiedliche Artikelnamen

fehlende Information über ausgelöste Bestellungen

unterschiedliche Kundenadressen ...

zu späte Bestellungen ...

⬇ ⬇

keine einheitliche Datenhaltung

fehlender Informationsfluss

⬇

Empfehlung ERP-System, da ERP-Systeme bieten:

- Arbeit mit einheitlicher Datenbank – einheitlichem Datenstand auch nach Datenänderungen in allen Abteilungen
- Integration: automatische parallele Bearbeitung von Tätigkeiten, kein Vergessen in einem Bereich
- Bearbeitung und Weiternutzung von Informationen über die Abteilungen hinweg – kein Vergessen der Informationsweitergabe
- Daten von Geschäftsleitung aus dem System immer aggregiert und einheitlich

⬇

Empfehlung Kriterien für die Wahl eines ERP-Systems:

- Abbildung der Geschäftsprozesse der Bürodesign GmbH, da sonst nicht einsetzbar
- Vorhandene Geschäftsprozessintegration, Effizienzsteigerung und Sicherheit, dass Tätigkeiten ausgeführt wurden
- Anpassung durch Customizing, um passgenaue Anpassung an die Bürodesign GmbH zu gewährleisten
- Bedienerfreundlichkeit, da Einführung vereinfacht durch Akzeptanz der Mitarbeiter, geringere Schulungskosten für Mitarbeiter, da weniger Zeit benötigt
- Preis-Leistungs-Verhältnis, da Lizenzkosten für Bürodesign GmbH tragbar sein müssen

Durchführen und Bewerten

a) Sie haben die Aufgabe die Geschäftsführung der Bürodesign GmbH von der Anschaffung eines ERP-Systems zu überzeugen. Erarbeiten Sie zu diesem Zweck auf Basis Ihrer Argumentationskette ein Manuskript und eine Präsentation mit einer Präsentationssoftware Ihrer Wahl. Beachten Sie dabei die Ihnen bekannten Faktoren für richtiges Präsentieren.

b) Vervollständigen Sie den Bewertungsbogen für eine Präsentation, indem Sie die fehlenden Merkmale eintragen.

Präsentation von:							
	Sehr gut	++	+	0	–	– –	Zu verbessern
Inhalt	sachlich richtig, angemessene Gewichtung von Haupt- und Nebenpunkten						sachliche Fehler, wichtige Punkte zu kurz, nebensächliche Punkte zu ausführlich
Struktur	klar erkennbar, zielgerichtet, hilfreich für das Publikum, roter Faden						_____ _____
Sprache	_____ _____						Unverständlich, umständlich, unsicher, unangemessen
Sprechweise/ Stimme	deutlich, angemessen in Lautstärke und Betonung, variiert						_____ _____
Sprechtempo	ausgeglichen, dynamisch, gute Pausentechnik						_____ _____
Stilmittel	effektvoll, dramatisch, spannend, interessant						eintönig, ohne Akzente
Blickkontakt	jeder fühlt sich angesprochen, Vortrag möglichst frei gesprochen						_____ _____
Gestik/ Haltung	unterstreicht die Aussage offen und freundlich, wendet sich an das Publikum						blockiert, verschlossen, abgewandt, steif, übertrieben
Mimik	_____						verkrampft
Visualisierung	aussagekräftige Schaubilder, klare Bezeichnungen, übersichtliche Tabellen						_____ _____ _____
Medieneinsatz	richtiger Zeitpunkt, routinierte Technik, Vorbereitung						ungeschickt, unscharfe Einstellung, nicht leserlich
Kreativität	besondere Idee, Übertragung des Inhalts in eine geschickte Form, Pointierung des Kerns						_____ _____
Wirkung	Betrachter werden erreicht						_____

Quelle: Amann, Gräter, Norek, Mlejnek, Akademie für Lehrerfortbildung Esslingen: Projektarbeit in Theorie und Praxis, in: LEU H02/03, hrsg. v. Landesinstitut für Erziehung und Unterricht, Stuttgart: 2002, Seite 134.

c) Üben Sie die Präsentation mit einem anderen Team durch gegenseitiges Vorstellen der Präsentationen. Nehmen Sie sich hierfür mindestens 20 Minuten Zeit. Achten Sie darauf, dass jedes Gruppenmitglied an der Präsentation beteiligt ist. Holen Sie sich ein kritisches Feedback vom anderen Team und geben Sie dem Partnerteam ein kritisches Feedback. Nutzen Sie dazu den Bewertungsbogen.

d) Überarbeiten Sie Ihre Präsentation.

e) Präsentieren Sie Ihr Arbeitsergebnis zu den ERP-Systemen im Plenum und bewerten Sie die Präsentationen der anderen Teams mithilfe Ihres Bewertungsbogens. Geben Sie den anderen Teams ein Feedback.

© Bildungsverlag EINS GmbH

f) Vergleichen Sie Ihr Ergebnis bezüglich des Einsatzes des ERP-Systems mit dem der anderen Teams. Beurteilen Sie, ob Ihre Begründungen und Ihre Auswahlkriterien zur Anschaffung treffend gewählt und schlüssig erläutert worden sind.

Begründung für die Anschaffung eines ERP-Systems schlüssig?

_____
_____
_____
_____

Auswahlkriterien treffend gewählt?

_____
_____
_____
_____

Lernergebnisse sichern und vertiefen

Denken Sie in Einzelarbeit über Ihren zurückliegenden Arbeitsprozess nach und beantworten Sie die folgenden Fragen. Erstellen Sie auf Basis der Fragen jeweils eine Zusammenfassung zu ERP-Systemen und Präsentationen in Ihren Unterlagen.

ERP-Systeme unterstützen und bilden ab Geschäftsprozesse aus den Bereichen:

_____
_____
_____
_____
_____

Beim Einsatz von ERP-Systemen werden alle Daten in einer gemeinsamen Datenbank erfasst. Dies hat die Vorteile:

_____
_____
_____
_____
_____
_____

Lernsituation 3

Ein wesentlicher Vorteil von ERP-Systemen ist die Datenintegration. Darunter wird verstanden:

_____
_____
_____
_____
_____

Die Datenintegration führt zu:

_____
_____
_____
_____
_____
_____
_____
_____
_____

Um ein ERP-System einzuführen, sollte die Bürodesign GmbH folgende Kriterien mindestens beachten:

_____
_____
_____
_____
_____
_____

Ziel einer Präsentation ist es, Sachverhalte so darzustellen, dass sie:

_____
_____
_____
_____

Für die Umsetzung einer Präsentation, die die Zuhörer vom Inhalt überzeugen und deren Verhalten beeinflussen soll, ist es angebracht, eine Argumentationskette zu entwickeln, die:

_____
_____
_____

© Bildungsverlag EINS GmbH

Übung 3.1: Der Aufbau des ERP-Systems

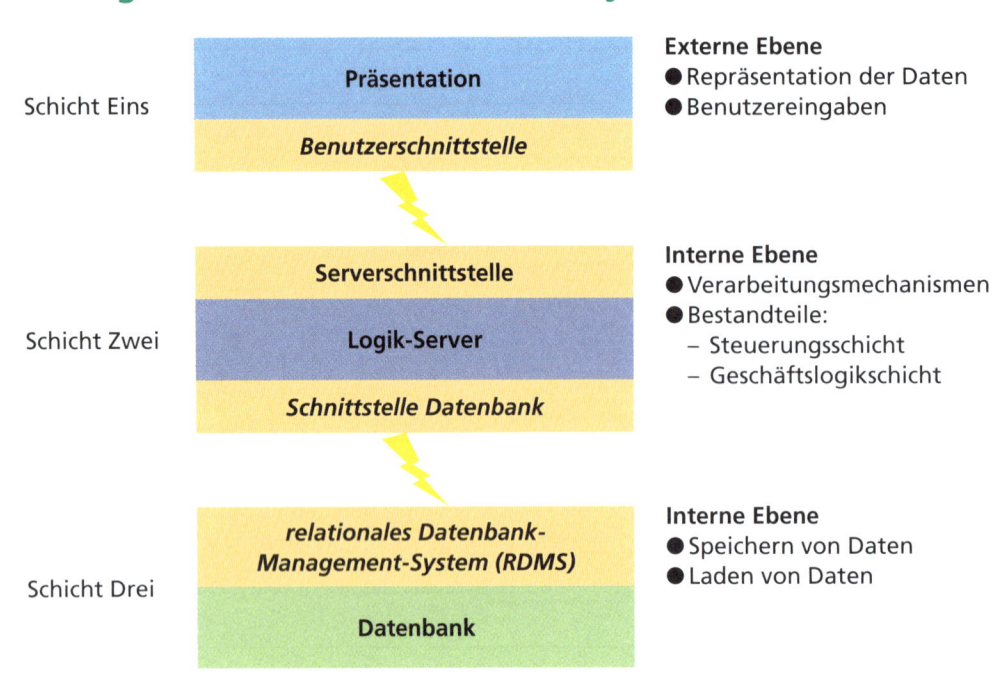

Schicht Eins
- Präsentation
- *Benutzerschnittstelle*

Externe Ebene
- Repräsentation der Daten
- Benutzereingaben

Schicht Zwei
- Serverschnittstelle
- Logik-Server
- *Schnittstelle Datenbank*

Interne Ebene
- Verarbeitungsmechanismen
- Bestandteile:
  – Steuerungsschicht
  – Geschäftslogikschicht

Schicht Drei
- relationales Datenbank-Management-System (RDMS)
- Datenbank

Interne Ebene
- Speichern von Daten
- Laden von Daten

1. Beschriften Sie die Übersicht zu den Schichten eines modernen ERP-Systems und erläutern Sie diese.

2. In einem ERP-System werden verschiedene Datenkategorien verarbeitet. Stellen Sie diese in einer Übersicht auf einem Plakat mit ihren Einflüssen aufeinander dar und erläutern Sie diese.

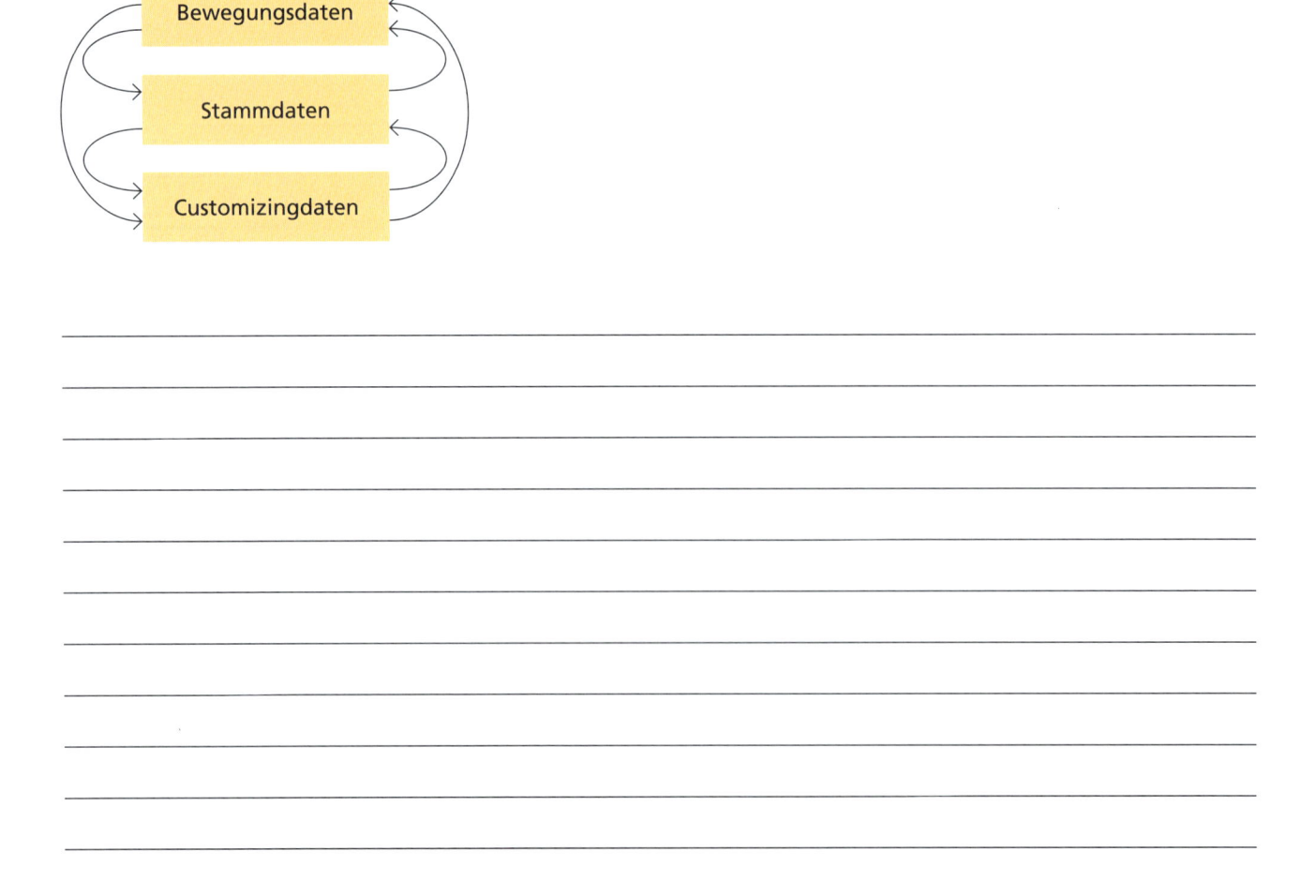

- Bewegungsdaten
- Stammdaten
- Customizingdaten

___
___
___
___
___
___
___
___
___
___

© Bildungsverlag EINS GmbH

Übung 3.2: Wettbewerbsfähigkeit und ERP-Systeme

ERP-Systeme steigern durch den Vorteil der Datenintegration die Effizienz und Zuverlässigkeit von Unternehmen. Beurteilen Sie in den folgenden Fällen, ob Sie dem Unternehmen die Einführung eines solchen Systems raten würden.

a) Der kleine Dachdecker- Handwerksbetrieb Kugler mit zwei Angestellten und dem Inhaber ist auf die Reparatur und komplette Erstellung von Dachstühlen und Dächern spezialisiert. Für die Bearbeitung seiner Aufträge setzt Herr Kugler Office-Softwarelösungen und ein kleines Buchhaltungsprogramm ein.

b) Die Seyfert-Groß-GmbH ist ein Unternehmen mit 45 Mitarbeitern. Sie stellt Papier in besonderer Qualität her. Ihre gesamten Geschäftsprozesse werden derzeit mit Office-Softwarelösungen und einem kleinen Buchhaltungsprogramm bearbeitet. Die Geschäftsprozesse sind bisher immer reibungslos und ohne Fehler abgelaufen. Mittlerweile gibt es aber auf dem Markt immer mehr Konkurrenten, die Papiere in gleich guter Qualität und Menge mit weniger Mitarbeitern schneller herstellen können, obwohl sie dieselben Fertigungsanlagen besitzen.

© Bildungsverlag EINS GmbH

LERNGEBIET 11.3

Werte und Wertströme unter Einsatz einer integrierten ERP-Software erfassen, darstellen und auswerten

Lernsituation 1: Sie beschreiben Aufgaben und Aufgabenbereiche des Rechnungswesens

Nach den ersten Wochen ihres Praktikums in der Bürodesign GmbH wechselt Silvia Land ins Rechnungswesen. Frau Jäger begleitet Silvia zu Frau König, der Gruppenleiterin des Rechnungswesens:
„Guten Tag, Frau König, ich bringe Ihnen eine Hilfe für die nächsten Wochen."
„Danke, Sie haben mir Frau Land ja bereits angekündigt. Ich will sie dann mal sofort mit ihrer neuen Abteilung bekannt machen."

Noch während des Rundgangs durch die Abteilung erzählt Frau König von ihrer Arbeit. Sie habe das Gefühl, das Nachrichtenzentrum für die Unternehmensleitung und die betrieblichen Abteilungen zu sein. Noch vor wenigen Minuten wollte Frau Friedrich die Umsatzentwicklung der Warengruppe Büromöbel haben. Anlässlich eines Auftrags der Büromöbel GmbH Europa über 40 000,00 € will Frau Grell wissen, ob dieser Kunde alle bisherigen Lieferungen bezahlt hat. Außerdem will die Geschäftsleitung regelmäßig Kurzberichte über die Entwicklung des Gewinns oder Verlustes und der liquiden Mittel. Frau König stellt abschließend fest: *„Wir sind im Rechnungswesen eine Art Datenbank für die Unternehmungs- und Abteilungsleiter, die Kreditgeber und Behörden."*

Analyse des Einstiegsszenarios

Beschreiben Sie die Aufgabe des Rechnungswesens mit der „Kopfstandmethode", indem Sie den Satz vervollständigen: „Wenn die Bürodesign GmbH das Rechnungswesen abschafft, dann …"

- verlieren die Verantwortlichen die Übersicht über die Geschäftsentwicklung,
- _____
- _____
- _____
- _____
- _____
- _____
- _____
- _____
- _____
- _____
- _____
- _____
- _____

Lernsituation 1

Planen und Durchführen

Das Rechnungswesen der Bürodesign GmbH wird von Frau König als das „große Gedächtnis der Unternehmung, eine Art Datenbank" bezeichnet. Klären Sie in Partnerarbeit die notwendigen Aufgabenbereiche des Rechnungswesens mit ihren wesentlichen Funktionen und stellen Sie diese in der unten stehenden Tabelle dar. Erklären Sie sich bitte anschließend wechselnd die jeweiligen Aufgabenbereiche des Rechnungswesens in eigenen Worten (schauen Sie dabei, wenn möglich, nicht in Ihr Schulbuch).

Aufgabenbereiche des Rechnungswesens			
Finanzbuchhaltung	Kostenrechnung	Statistik	Planung

Erläutern Sie in Partnerarbeit, warum das Rechnungswesen der Bürodesign GmbH auch als „Informations-, Kontroll- und Steuerungssystem" bezeichnet wird.

_____
_____
_____
_____
_____

Bewerten und reflektieren

Gehen Sie mit einem anderen Schülerpaar zusammen und vergleichen Sie über Kreuz Ihre bisherigen Ergebnisse. (Bilden Sie dazu zwei neue Paare.)

© Bildungsverlag EINS GmbH

Vertiefen und Lernergebnisse sichern

Listen Sie betriebswirtschaftliche Fragestellungen auf, die durch das Rechnungswesen für die Bürodesign GmbH beantwortet werden können.

___

Übung 1.1: Das Rechnungswesen als Informations-, Kontroll- und Steuerungssystem

Durch zahlreiche Geschäftsfälle verändern Güter- und Geldströme ständig die Höhe der Vermögensteile in der Bürodesign GmbH. Durch das Rechnungswesen erhält die Unternehmensleitung zuverlässige Daten, um darauf aufbauend Entscheidungen treffen zu können. Das Rechnungswesen ist daher ein wichtiges **Informations-, Kontroll- und Steuerungssystem** für die Bürodesign GmbH. Vervollständigen Sie die Tabelle, indem Sie in der ersten Spalte Informationen aufführen, welche die Unternehmensleitung aus dem Rechnungswesen erhält, um in den folgenden Spalten Möglichkeiten der Kontrolle und der Steuerung zu benennen.

Information	Möglichkeiten der Kontrolle	Möglichkeiten der Steuerung
Gewinnentwicklung	• Verläuft die Gewinnentwicklung wie geplant und gewünscht? • Wie hoch ist der erzielte Gewinn?	• Reduzierung der Ausgaben/Aufwendungen • Investitionen planen und durchführen
Verkaufszahlen und Umsatzentwicklung		
Höhe des Bankguthabens		
Überwachung der Zahlungseingänge		
Ausgaben für Materialeinkäufe		

Information	Möglichkeiten der Kontrolle	Möglichkeiten der Steuerung
Art und Höhe der Schulden		

Übung 1.2: Soll-Ist-Vergleiche im Rechnungswesen

Eine wichtige Funktion des Rechnungswesens ist die Kontrolle. Dies geschieht unter anderem durch Soll-Ist-Vergleiche. Benennen Sie für die folgenden Beispiele mögliche Ursachen für die Differenz zwischen den Soll- und Istwerten.

Soll	Ist	Mögliche Ursachen
Im Outlet-Store der Bürodesign GmbH ergibt sich nach dem Abschluss der Tageskasse ein Kassensollbestand von 3 425,00 €.	Tatsächlich befinden sich jedoch nur 3 405,00 € in der Kasse.	
Angestrebt wurde ein Jahresumsatz von 390 000,00 €.	Erreicht wurde ein Umsatz von 345 000,00 €.	
Die Bürodesign GmbH hat laut ihrem Warenwirtschaftssystem einen Lagerbestand von 25 Bürostühlen des Typs Picto.	Durch das Nachzählen im Rahmen der Inventur ergibt sich ein tatsächlicher Lagerbestand von nur 22 Stück.	
Angestrebt wurde ein Jahresgewinn von 65 000,00 €.	Erreicht wurde ein Jahresgewinn von 85 000,00 €.	
Das Regalsystem Wikinger sollte laut Bestandsliste der Bürodesign GmbH 46-mal im Lager sein.	Bei der Inventur wurden jedoch 49 Regalsysteme gezählt.	

© Bildungsverlag EINS GmbH

Lernsituation 2: Sie planen eine Inventur, führen diese durch und werten sie aus

Silvia Land, Praktikantin in der Bürodesign GmbH, ist seit einer Woche in der Abteilung Rechnungswesen, als sie ein Gespräch zwischen Herrn Stein und Frau König mithört:

Herr Stein: „Karl Weil e.K. – Sie wissen schon, Frau König, der Hersteller von Kleinmöbeln neben uns – will aus Altersgründen zum 31. Dezember seinen Betrieb aufgeben. Er hat uns ein Angebot gemacht."

Frau König: „Wir suchen doch seit Langem nach Möglichkeiten der Erweiterung unserer Fertigungshalle, das wäre doch ideal!"

Herr Stein: „Aber der Kaufpreis entspricht nicht ganz unseren Vorstellungen."

Frau König: „Aber da sind doch sicher Maschinen und Vorräte. Bitten Sie doch Herrn Weil, eine Inventur durchzuführen, um uns ein aktuelles Inventar aufzustellen, damit wir nicht die Katze im Sack kaufen."

Herr Stein: „Ja, das sollten wir tun, ich werde umgehend mit Herrn Weil Kontakt aufnehmen und ihm anbieten, zur Unterstützung unsere Praktikanten rüberzuschicken."

Analyse des Einstiegsszenarios

Erläutern Sie in Einzelarbeit die genauen Gründe, warum Frau König wünscht, dass Herr Weil eine Inventur durchführen und ein Inventar aufstellen soll.

_____
_____
_____
_____
_____
_____

Nennen Sie notwendige Vorbereitungen, an die Herr Weil denken muss, um die anstehende Inventur zu planen.

_____
_____
_____
_____
_____
_____
_____

© Bildungsverlag EINS GmbH

Lernsituation 2 105

Erläutern Sie, welche Ziele eine Inventur verfolgt, und stellen Sie Ihre Überlegungen Ihrer Sitznachbarin bzw. Ihrem Sitznachbarn vor.

___

Planen und entscheiden

Planen Sie eine Inventur des Unternehmens Karl Weil e. K. in Gruppenarbeit.

Schritt 1:
Informieren Sie sich zunächst über die verschiedenen Inventurverfahren nach der Art der Aufnahme und stellen Sie diese in der folgenden Lernübersicht dar.

Arten der Inventurverfahren
Körperliche Inventur:
Buchinventur:
Stichtaginventur
zeitnahe Inventur:

Entscheiden Sie: Welche Inventurverfahren werden bei der Inventur des Betriebes von Karl Weil e. K. Anwendung finden?

© Bildungsverlag EINS GmbH

Schritt 2:
Entwickeln Sie einen **Inventurablaufplan** zur Durchführung der Inventur. Dieser sollte eine Übersicht liefern:

○ wer	○ welche Vermögensgegenstände	○ wo	○ wann

erfasst.

Skizzieren Sie Ihren Plan zusätzlich auf einer Folie/einem Plakat und stellen Sie ihn in der Klasse vor, bevor Sie ihn ins Arbeitsheft übernehmen. Einigen Sie sich in der Klasse auf die Nutzung eines einheitlichen Inventurablaufplanes.

Mögliche Lösung:

Schritt 3:
Bevor Sie nun eine beispielhafte Inventur durchführen, sollten Sie die folgende Frage klären:

Begründen Sie, warum die Werkstoffe mit ihrem Bezugs-/Einstandspreis bewertet werden müssen bzw. fertig erzeugte Produkte mit ihren Herstellungskosten.

_____
_____
_____

Durchführen

Silvia Land und Torsten Menne sind für die Inventurarbeiten im Werkstofflager des Unternehmens Karl Weil e. K. eingesetzt. Um einen reibungslosen Inventurablauf zu ermöglichen, hat Karl Weil im Rahmen der vorbereitenden Inventurarbeiten alle aufzunehmenden Artikel bereits mit den Bezugs-/Einstandspreisen versehen. Silvia Land und Torsten Menne sind im Gang 4 und stehen vor dem Fach 2. Dort befinden sich verschiedene Span- und Tischlerplatten sowie Holzbalken:

- Spanplatten 100 cm x 40 cm, 12 Stück; Bezugspreis/Einstandspreis 3,20 €/Stück
- Spanplatten 125 cm x 100 cm, 20 Stück; Bezugspreis/Einstandspreis 6,70 €/Stück
- Spanplatten 180 cm x 120 cm, 9 Stück; Bezugspreis/Einstandspreis 9,20 €/Stück
- Tischlerplatten, Standard 2 cm x 100 cm x 50 cm, 4 Stück; Bezugspreis 8,50 €/Stück
- Tischlerplatten Standard 2 cm x 100 cm x 75 cm, 10 Stück; Bezugspreis 10,50 €/Stück,

- Tischlerplatten Nussbaum 2 cm x 150 cm x 100 cm, 8 Stück; Bezugspreis 16,00 € pro Quadratmeter

- Holzbalken 5 cm x 5 cm x 300 cm, 12 Stück; Bezugspreis 1,10 € pro Meter

Führen Sie nun eine Inventur der von Silvia Land und Torsten Menne vorgefundenen Span- und Tischlerplatten sowie Holzbalken durch. Verwenden Sie dazu die folgende Aufnahmeliste:

Aufnahmeliste				Bewertung	
Abteilung: _____		Lagerort: _____			
Nr.	Gegenstand Handelsübliche Bezeichnung	Festgestellte Menge		Wert je Einheit in €	Inventurwert in €
		Anzahl	Einheit Stück, kg, m, cm		
___	_____	_____	_____	_____	_____
___	_____	_____	_____	_____	_____
___	_____	_____	_____	_____	_____
___	_____	_____	_____	_____	_____
___	_____	_____	_____	_____	_____
___	_____	_____	_____	_____	_____
___	_____	_____	_____	_____	_____

Bewerten und reflektieren

Vergleichen Sie in Partnerarbeit Ihre ausgefüllten Inventurlisten und gehen Sie selbstständig eventuellen Abweichungen nach.

Beurteilen Sie anschließend in Partnerarbeit Ihre Vorbereitung sowie die Ausführung der Inventur mit den folgenden Hilfsfragen.

Wie hilfreich war die vorgegebene Inventurliste – was würden Sie an der Liste ändern?

_____
_____

Auf welche Schwierigkeiten sind Sie gestoßen?

_____
_____

© Bildungsverlag EINS GmbH

Vertiefen und Lernergebnisse sichern

Erstellen Sie eine Mindmap oder eine Zusammenfassung, die Ihnen bei einem 3- bis 5-minütigen **Vortrag** zur Inventur hilft. Dabei sollten Sie auf die folgenden Aspekte eingehen können:

a) Vorbereitung der Inventur: Was muss alles beachtet und entschieden werden?
b) Hilfsmittel zur Durchführung der Inventur: Was hilft bei einer reibungslosen und zügigen Inventur?
c) Bewertungsprobleme: Warum sind Roh-, Hilfs-, und Betriebsstoffe mit den Anschaffungskosten anzusetzen?

Lassen Sie sich im Anschluss an Ihren Vortrag ein Feedback geben.

Notizen zur Vorbereitung:

Übung 2.1: Ein Inventar erstellen

Im Unternehmen „Büromöbel Manfred Weckert e. K." wurde zum Abschlussstichtag 31.12.20.. die Inventur durchgeführt. Nun liegen die folgenden ungeordneten Informationen vor:

		€
UV	Kassenbestand lt. Kassenbuch (Anl. 8)	7 152,00
___	Maschinen lt. Maschinenkarten (Anl. 1)	421 488,00
___	Werkstoffe lt. Aufnahmelisten (Anl. 3)	680 570,00
___	Hypothekenschuld: Sparkasse Aachen lt. Kontoauszug (Anl. 11)	764 700,00
___	Unfertige Erzeugnisse lt. Aufnahmelisten (Anl. 4)	521 000,00
___	Forderungen aus Lieferungen und Leistungen lt. Rechnungsdurchschriften (Anl. 7): • Exakta Büromöbel GmbH, Schlossstr. 15, 31582 Nienburg • Karl Müller, Möbelhandel, Meterstr. 68, 49074 Osnabrück • Rellek Bürohandels GmbH, Königbauerstr. 123, 49356 Diepholz	974 400,00 266 560,00 914 625,00
___	Darlehensschuld: Holzkönig GmbH, Lange Str. 1, 21680 Stade lt. Vertragskopie (Anl. 12)	1 278 000,00
___	Bankguthaben: • Raiffeisenbank Jever lt. Kontoauszug (Anl. 9) • Sparkasse Jever lt. Kontoauszug (Anl. 10)	134 156,00 24 876,00
___	Verbindlichkeiten aus Lieferungen und Leistungen lt. Rechnungen (Anl. 14): • Holzkönig GmbH, Lange Str. 1, 21680 Stade • Müller & Söhne, Bürohandel, Grundstraße 17, 52525 Heinsberg	425 600,00 163 520,00
___	Bankschulden: Sparkasse Jever lt. Kontoauszug (Anl. 13)	463 289,00
___	Grundstück Industriestraße 130, mit Fabrikgebäude	847 820,00
___	Betriebs- und Geschäftsausstattung lt. Inventur-Erläuterungsbogen (Anl. 2)	237 214,00
___	Handelswaren lt. Aufnahmelisten (Anl. 6)	12 400,00
___	Fertige Erzeugnisse lt. Aufnahmelisten (Anl. 5)	980 000,00

a) Sortieren Sie in einem ersten Schritt die vorliegende Liste. Kennzeichnen Sie dazu in der ersten Spalte Vermögensgegenstände des Anlagevermögens mit **AV**,
Vermögensgegenstände des Umlaufvermögens mit einem **UV**,
langfristige Schulden mit einem **LS** und
kurzfristige Schulden mit **KS**.

b) Informieren Sie sich anschließend über die Gliederung eines Inventars und stellen Sie aufgrund vorstehender Angaben und unter Beachtung der Grundsätze ordnungsmäßiger Buchführung das Inventar auf.

Inventar Büromöbel Manfred Weckert e.K. zum 31. Dezember 20..		
Art, Menge, Einzelwert	€	€
A. Vermögen		
I. Anlagevermögen		
Summe des Vermögens		
Summe der Schulden		

Übung 2.2: Inventare vergleichen und auswerten

Um das aktuelle Inventar mit dem des vergangenen Jahres besser vergleichen zu können, hat der Büromöbelproduzent Manfred Weckert e. K. diese mit einem Tabellenkalkulationsprogramm zusammengefasst.

	A	B	C	D	E	F	G
						Abweichungen zum Vorjahr	
1			INVENTARVERGLEICH	Vorjahr	Berichtsjahr		
2			Art	€	€	€	%
3		A. Vermögen					
4			1. Gebäude, Ring 18-20	871 820,00	847 820,00		
5			2. Grundstück unbebaut	58 749,00	0,00		
6			3. Maschinen	376 329,00	421 488,00		
7			4. Betriebs- und Geschäftsaustattung	296 518,00	37 214,00		
8			**Summe Anlagevermögen**				
9			5. Roh-, Hilfs- und Betriebsstoffe	733 260,00	680 570,00		
10			6. Unfertige Erzeugnisse	543 155,00	521 000,00		
11			7. Fertige Erzeugnisse	1 050 839,00	980 000,00		
12			8. Handelswaren	5 542,00	12 400,00		
13			9. Forderungen a. LL	1 591 777,00	2 155 585,00		
14			10. Bankguthaben	9 976,00	159 032,00		
15			11. Kassenbestand	4 435,00	7 152,00		
16			**Summe Umlaufvermögen**				
17			**Summe des Vermögens**				
18		B. Schulden					
19			1. Hypothek	780 742,00	764 700,00		
20			2. Darlehen	264 000,00	1 278 000,00		
21			3. Bankschulden	1 223 208,00	463 289,00		
22			4. Verbindlichkeiten a. LL	875 145,00	589 120,00		
23			**Summe der Schulden**				
24							
25		C. Errechnung des Eigenkapitals					
26			Summe des Vermögens				
27			– Summe der Schulden				
28			**Eigenkapital = Reinvermögen**				

1 Berechnen Sie, wenn möglich, mit einem Tabellenkalkulationsprogramm die fehlenden Werte.

2 Geben Sie die Formeln für die unterlegten Felder an:

F4 _____ D17 _____

G4 _____ E26 _____

D8 _____ E28 _____

© Bildungsverlag EINS GmbH

Lernsituation 2 – Übungsaufgaben

3 Vergleichen Sie die Inventare der beiden Jahre miteinander und stellen Sie in einem kurzen Bericht dar, welche Maßnahmen das Unternehmen im Berichtsjahr durchgeführt hat, um die Situation im Vergleich zum Vorjahr zu ändern.

4 Welche Ursachen könnten die Veränderung des Reinvermögens herbeigeführt haben?

Lernsituation 3: Sie leiten eine Bilanz aus dem Inventar ab und werten diese aus

Schon am 15. Januar kann Frau König im Beisein von Silvia Land Herrn Stein das gewünschte Inventar überreichen. Es umfasst 34 Seiten. Nach kurzem Blättern im Inventar sagt Herr Stein: *„Gute Arbeit! Und für den Kreditantrag bei der Deutschen Bank brauche ich die Bilanz. Bitte bringen Sie sie mir bis übermorgen 10.00 Uhr ins Büro."* – *„Noch einmal die ganze Arbeit?"*, denkt Silvia Land.

Inventar der Kleinmöbelfabrik Karl Weil e. K. zum 31. Dezember 20..		
Art, Menge, Einzelwert	€	€
A. Vermögen		
I. **Anlagevermögen**		
1. Bebautes Grundstück, Dieselstraße 12		125 000,00
2. Gebäude Dieselstraße 12		240 000,00
3. Maschinen		112 000,00
4. Betriebs- und Geschäftsausstattung		70 500,00
5. Fuhrpark		5 000,00
II. **Umlaufvermögen**		
1. Roh-, Hilfs- und Betriebsstoffe lt. Anlagen		
1.1. Rohstoffe	43 000,00	
1.2. Hilfsstoffe	23 500,00	
1.3. Betriebsstoffe	9 800,00	
2. Unfertige Erzeugnisse lt. Anlagen		45 300,00
3. Fertige Erzeugnisse lt. Anlage		41 000,00
4. Forderungen aus Lieferungen und Leistungen		
4.1. Stadtverwaltung Jever	12 500,00	
4.2. Klöckner Müller Elektronik, Hannover	6 200,00	
4.3. Kruse GmbH, Hagen	2 500,00	
5. Bankguthaben bei Deutsche Bank Köln lt. Kontoauszug		5 100,00
6. Kassenbestand		200,00
Summe des Vermögens		
B. Schulden		
I. Langfristige Schulden		
1. Hypothek der Sparkasse Aurich lt.		
2. Kontoauszug und Darlehensvertrag		60 000,00
II. Kurzfristige Schulden		
1. Verbindlichkeiten aus Lieferungen und Leistungen		
1.1. Holzig GmbH, Detmold	158 500,00	
1.2. Flamingowerke, Goslar	115 200,00	273 700,00
Summe der Schulden		
C. Errechnung des Reinvermögens (Eigenkapital)		
Summe des Vermögens		
Summe der Schulden		
Reinvermögen (Eigenkapital)		

Aus didaktischen Gründen weichen die Werte im Inventar der Lernsituation von den Werten im Schulbuch ab.

© Bildungsverlag EINS GmbH

Analyse des Einstiegsszenarios

Ergänzen Sie zunächst die fehlenden Zahlen im vorliegenden Inventar. Begründen Sie anschließend das Interesse von Herrn Stein an der Bilanz der Kleinmöbelfabrik Karl Weil e. K.

_____
_____
_____
_____
_____
_____
_____

Planen, entscheiden und durchführen

Arbeiten Sie mit Ihrer Sitznachbarin bzw. Ihrem Sitznachbarn zusammen. Informieren Sie sich über den Aufbau und die Struktur der Bilanz, bei Bedarf auch mithilfe Ihres Lehrbuches. Stellen Sie auf Grundlage des Inventars eine ordnungsgemäße Bilanz zum 31. Dezember 20.. auf.

Information:

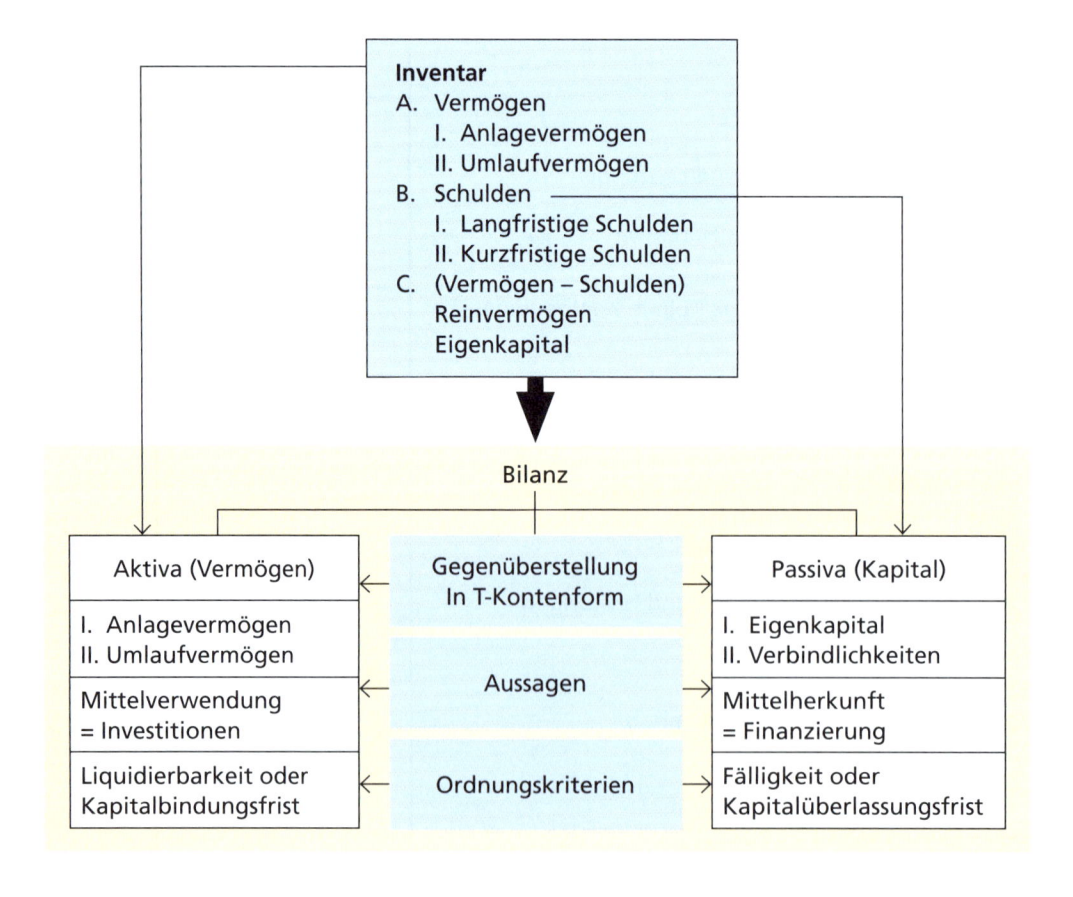

Inventar
A. Vermögen
   I. Anlagevermögen
   II. Umlaufvermögen
B. Schulden
   I. Langfristige Schulden
   II. Kurzfristige Schulden
C. (Vermögen – Schulden)
   Reinvermögen
   Eigenkapital

↓

Bilanz

Aktiva (Vermögen)	Gegenüberstellung In T-Kontenform	Passiva (Kapital)
I. Anlagevermögen II. Umlaufvermögen		I. Eigenkapital II. Verbindlichkeiten
Mittelverwendung = Investitionen	Aussagen	Mittelherkunft = Finanzierung
Liquidierbarkeit oder Kapitalbindungsfrist	Ordnungskriterien	Fälligkeit oder Kapitalüberlassungsfrist

© Bildungsverlag EINS GmbH

Aktiva	Bilanz Karl Weil e. K.	Passiva

Aurich, den 31. Dezember 20.. *Karl Weil*

Werten Sie in Partnerarbeit die von Ihnen aufgestellte Bilanz aus. Berechnen Sie von den folgenden Bilanzpositionen die prozentualen Anteile am Gesamtkapital (auf zwei Stellen nach dem Komma runden).

- Anteil des Anlagevermögens:

- Anteil des Umlaufvermögens:

- Eigenkapitalanteil:

- Fremdkapitalanteil (Schulden):

Information:
Die **Vermögensstruktur** gibt Auskunft darüber, wie Anlage- und Umlaufvermögen im Verhältnis zum Gesamtvermögen im Unternehmen verteilt sind. Die Kapitalstruktur zeigt, wie hoch der Eigenkapital- bzw. Fremdkapitalanteil am Gesamtvermögen des Unternehmens ist. Hier gilt: Je höher der Eigenkapitalanteil ist, desto größer ist die finanzielle Unabhängigkeit und Kreditwürdigkeit eines Unternehmens. Eine niedrige Eigenkapitalquote bedeutet ein hohes Insolvenzrisiko. Vergleichsunternehmen der Kleinmöbelfabrik Karl Weil e. K. haben eine Eigenkapitalquote von 43 % und eine Anlagendeckung von 65 %.

Bewerten

Gehen Sie mit einem anderen Paar zusammen und vergleichen Sie Ihre errechneten Kennzahlen. Gehen Sie etwaigen Abweichungen nach und suchen Sie gemeinsam nach möglichen Fehlern.

Lernsituation 3

Analysieren Sie die Bilanz sowie die errechneten Kennzahlen in Ihrer Gruppe und geben Sie eine erste Einschätzung bezüglich eines möglichen Kaufpreises für die Kleinmöbelfabrik Karl Weil e. K. ab. Vergleichen Sie Ihre Einschätzungen anschließend in einem Klassengespräch.

Vertiefen und Lernergebnisse sichern

Notieren Sie zum Abschluss in Einzelarbeit drei Merksätze zum Inhalt und zur Struktur einer Bilanz.

Stellen Sie, ohne zunächst in Ihr Schulbuch zu schauen, die wesentlichen Unterschiede von Inventar und Bilanz in folgender Tabelle gegenüber.

Inventar	Bilanz

© Bildungsverlag EINS GmbH

Lern- und Unterrichtscheck

Reflektieren Sie Ihr Lernen und Arbeiten sowie den zurückliegenden Unterricht und tauschen Sie sich anschließend darüber in Ihrer Klasse aus.

Eigener Lernerfolg	trifft zu	trifft nicht zu
1. Ich kenne den Zusammenhang zwischen Inventur, Inventar und Bilanz.	☐	☐
2. Ich kann selbstständig ein Inventar erstellen.	☐	☐
3. Aus einem Inventar kann ich eine Bilanz ableiten.	☐	☐
4. Ich kann eine Bilanz entsprechend der Formvorschriften aufstellen.	☐	☐
5. Mir gelingt es, Kennzahlen der Bilanz zu analysieren.	☐	☐

Lern- und Arbeitsprozess	trifft zu	trifft nicht zu
1. Ich arbeite sauber und akkurat, sodass auch Fremde meine Aufzeichnungen verstehen.	☐	☐
2. Mit den Partner- und Gruppenarbeitsphasen bin ich zufrieden, weil diese zu guten Arbeitsergebnissen führten.	☐	☐
3. Ich habe mich mit meinen Ideen und Fähigkeiten in Partner- und Gruppenarbeit einbringen können.	☐	☐
4. Arbeit- und Lernzeit habe ich gut genutzt.	☐	☐

Unterricht	trifft zu	trifft nicht zu
1. Die eingesetzten Unterrichtsmaterialien waren ansprechend und hilfreich.	☐	☐
2. Die Bearbeitungszeit im Unterricht war angemessen.	☐	☐
3. Mein/e Lehrer/in hat mich angemessen unterstützt und betreut.	☐	☐

Übung 3.1: Aussagen zur Bilanz überprüfen

Prüfen Sie die folgenden Aussagen zur Bilanz und berichtigen Sie die Aussagen.

Aussage	Korrektur
Das Anlagevermögen ist im Unternehmen kurzfristig angelegt.	
Verbindlichkeiten a. LL werden auf der Aktivseite der Bilanz ausgewiesen und bezeichnen Gelder, die das Unternehmen noch bekommen soll bzw. auf die es noch einen Anspruch hat.	

© Bildungsverlag EINS GmbH

Lernsituation 3 – Übungsaufgaben

Aussage	Korrektur
In der Bilanz werden Vermögen, Schulden und Eigenkapital untereinander in Staffelform aufgeführt.	
Das Eigenkapital weist das Gesamtvermögen des Unternehmens in der Bilanz aus.	
Auf der Passivseite der Bilanz werden die Formen des Vermögens ausgewiesen, also die „Mittelverwendung".	

Übung 3.2: Die Bedeutung verschiedener Belege

Durch den Geschäftsablauf in einem Unternehmen entsteht eine Vielzahl von Belegen. Sie ergeben sich z. B. durch:

- Einkäufe von Werkstoffen und Waren → Eingangsrechnungen (ER)
- Verkäufe fertiger Produkte auf Rechnung → Ausgangsrechnungen (AR)
- Kassenein- oder -auszahlung → Kassenbelege (KB)
- Zahlungsein- oder -ausgänge auf dem Bankkonto → Bankauszug (BA)

Nehmen Sie die Perspektive einer Mitarbeiterin bzw. eines Mitarbeiters der BürodesignGmbH ein und benennen Sie die Art der folgenden Belege. Prüfen Sie deren rechnerische Richtigkeit und beschreiben Sie, welche Informationen sich aus den Belegen ergeben.

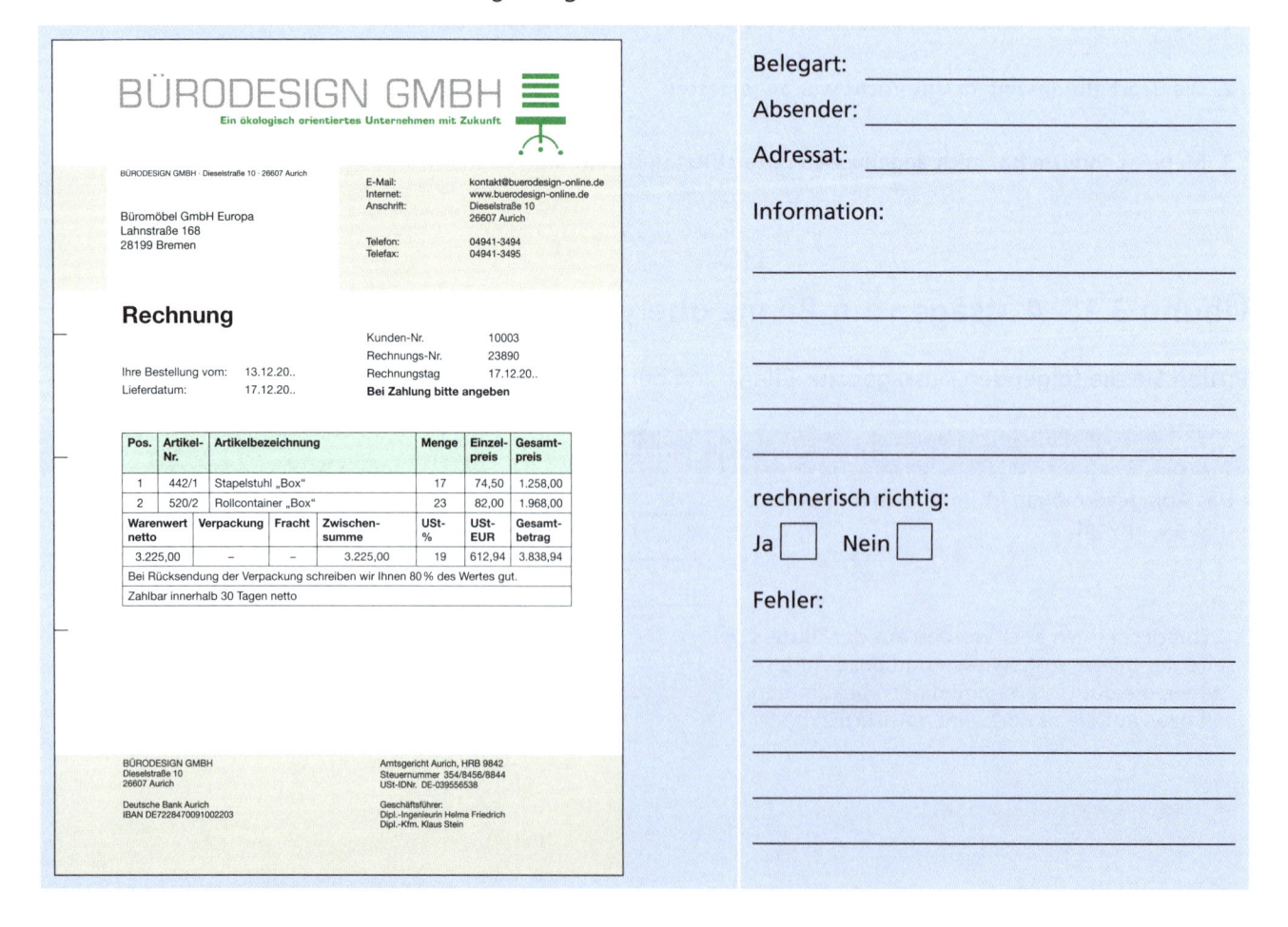

BÜRODESIGN GMBH
Ein ökologisch orientiertes Unternehmen mit Zukunft

BÜRODESIGN GMBH · Dieselstraße 10 · 26607 Aurich

Büromöbel GmbH Europa
Lahnstraße 168
28199 Bremen

E-Mail: kontakt@buerodesign-online.de
Internet: www.buerodesign-online.de
Anschrift: Dieselstraße 10, 26607 Aurich
Telefon: 04941-3494
Telefax: 04941-3495

Rechnung

Kunden-Nr. 10003
Rechnungs-Nr. 23890
Ihre Bestellung vom: 13.12.20..
Lieferdatum: 17.12.20..
Rechnungstag: 17.12.20..
Bei Zahlung bitte angeben

Pos.	Artikel-Nr.	Artikelbezeichnung	Menge	Einzelpreis	Gesamtpreis
1	442/1	Stapelstuhl „Box"	17	74,50	1.258,00
2	520/2	Rollcontainer „Box"	23	82,00	1.968,00

Warenwert netto	Verpackung	Fracht	Zwischensumme	USt-%	USt-EUR	Gesamtbetrag
3.225,00	–	–	3.225,00	19	612,94	3.838,94

Bei Rücksendung der Verpackung schreiben wir Ihnen 80 % des Wertes gut.
Zahlbar innerhalb 30 Tagen netto

BÜRODESIGN GMBH
Dieselstraße 10
26607 Aurich

Deutsche Bank Aurich
IBAN DE72284700910022203

Amtsgericht Aurich, HRB 9842
Steuernummer 354/8456/8844
USt-IDNr. DE-039556538

Geschäftsführer:
Dipl.-Ingenieurin Helma Friedrich
Dipl.-Kfm. Klaus Stein

Belegart: _____
Absender: _____
Adressat: _____
Information: _____

rechnerisch richtig:

Ja ☐ Nein ☐

Fehler:

© Bildungsverlag EINS GmbH

Vereinigte Spanplatten AG
Spanplatten · Umleimer

Vereinigte Spanplatten AG, Ulmenstraße 16, 26135 Oldenburg

Bürodesign GmbH
Dieselstraße 10
26607 Aurich

Ulmenstraße 16
26135 Oldenburg
Tel.: 0441 3 47 85
Fax: 0441 3 46 79
E-Mail: info@vereinigte-spanplatten.de
Internet: www.vereinigte-spanplatten.de

RECHNUNG

Ihre Bestellung	vom	Kunden-Nr.	Rechnungs-Nr.	Rechnungsdatum
020578	15.12.20..	53427	2780	18.12.20..

Pos.	Artikel Nr.	Artikelbezeichnung	Menge	Einzelpreis EUR	Gesamtpreis EUR
1	1806	Tischlerplatten, 1000 × 750 × 20	300	10,50	3 150,00
2	1810	Tischlerplatten, 1500 × 2000 × 20	540	13,50	7 425,00

Warenwert, netto	Ver-packung	Fracht	Entgelt, netto	19% USt. EUR	Gesamtbetrag EUR
10 575,00		120,00	10 695,00	2 035,05	12 730,05

Lieferung: Zahlung: innerhalb von 30 Tagen netto Kasse

Bankverbindung: Volksbank Oldenburg
DE79280618220000127890

Steuer-Nr.: 103/1010/2210 USt-ID-Nr.: DE-478263910

Belegart: _____
Absender: _____
Adressat: _____
Information:
_____
_____
_____
_____
_____
_____
_____

rechnerisch richtig:
Ja ☐   Nein ☐

Fehler:
_____
_____
_____
_____
_____

Deutsche Bank Aurich

SEPA-Girokonto IBAN: DE07283500000067070685   Kontoauszug 231
UST-ID DE-758403928   Blatt 1

Datum	Erläuterungen		Betrag
	Kontostand in EUR am 27.12.20.., Auszug Nr. 230		312 613,60 +
27.12.20..	Überweisung VEREINTE SPANPLATTEN AG KD-NR 53427, RG-NR 2780 vom 18.12.20..	Wert: 28.12.20..	12 566,40 −
28.12.20..	Zahlungseingang BÜROMÖBEL GMBH EUROPA, BREMEN KD-NR 10003, RG-NR 23890 vom 17.12.20..	Wert: 28.12.20..	3 751,48 +
	Kontostand in EUR am 28.12.20.., 10:50 Uhr		303 798,68 +
	Ihr Dispositionskredit 200 000,00 EUR		

Bürodesign GmbH
Dieselstraße, 26607 Aurich

Belegart: _____
Absender: _____
Adressat: _____
Information:
_____
_____
_____
_____
_____
_____
_____
_____
_____

rechnerisch richtig:
Ja ☐   Nein ☐

Fehler:
_____

© Bildungsverlag EINS GmbH

Lernsituation 3 – Übungsaufgaben

PAUL KONSKI e. K.
Rosenstr. 3, 26603 Aurich, Tel: 04941 22943   Fachgeschäft für Reinigungsmaterial

Bürodesign GmbH
Köln

	Datum: *13.06.20..*	EUR	Ct
3	*Besen*	14	97
1	*Bodenreiniger*	7	25
	Gesamt:	22	22

Vielen Dank für Ihren Besuch

Verk. 1   4557-8

Betrag durch Barzahlung erhalten: *Konski*

In diesem Betrag sind 19 % USt = *4,22* EUR enthalten

Belegart: _____
Absender: _____
Adressat: _____
Information:
_____
_____
_____
_____

rechnerisch richtig:
Ja ☐   Nein ☐

Fehler:
_____
_____
_____
_____
_____

Bürodesign GmbH
Dieselstraße 10
26607 Aurich

Quittung
EUR 950 | 00

EUR in Worten: neunhundertfünfzig   Cent wie oben

von: Udo Stefer
für: Eckschreibtisch Modula

Aurich, 17.12.20..   Betrag dankend in bar erhalten
Ort/Datum

Buchungsvermerke   Stempel/Unterschrift des Empfängers
Bürodesign GmbH
i. V. *Torsten Menne*

Belegart: _____
Absender: _____
Adressat: _____
Information:
_____
_____
_____
_____
_____

Übung 3.3: Wirkungen der Geschäftsfälle auf die Bilanz

Bearbeiten Sie die nachfolgenden Geschäftsfälle, indem Sie die vier Leitfragen beantworten.

Geschäftsfälle		Leitfrage 1	Leitfrage 2	Leitfrage 3	Leitfrage 4
		Welche Bilanzpositionen werden durch den Geschäftsfall berührt?	Handelt es sich um Posten der Aktiv- oder Passivseite der Bilanz?	Vermehrt oder vermindert der Geschäftsfall die einzelnen Bilanzposten?	Um welche der vier Bilanzveränderungen handelt es sich?
Geschäftsfall 1 Die Bürodesign GmbH kauft ein neues Lagerregal und zahlt dieses bar. (Barkauf eines Lagerregals)	€ 1 420,00	Geschäftsausstattung	Aktivposten	Mehrung +1 420,00 €	Aktivtausch
		_____	Aktivposten	_____	

Lernsituation 3 – Übungsaufgaben

Geschäftsfälle		Leitfrage 1	Leitfrage 2	Leitfrage 3	Leitfrage 4
		Welche Bilanzpositionen werden durch den Geschäftsfall berührt?	Handelt es sich um Posten der Aktiv- oder Passivseite der Bilanz?	Vermehrt oder vermindert der Geschäftsfall die einzelnen Bilanzposten?	Um welche der vier Bilanzveränderungen handelt es sich?
Geschäftsfall 2	€				
Die Bürodesign GmbH nimmt ein Darlehen zum Ausgleich einer größeren Verbindlichkeit a. LL auf.	9 500,00				
Geschäftsfall 3	€				
Die Bürodesign GmbH gleicht die Eingangsrechnung (ER 789) durch eine Banküberweisung (BA 455) aus.	7 400,00				
Geschäftsfall 4	€				
Ein Kunde bezahlt eine fällige Ausgangsrechnung (AR 96) bar im Outlet-Store. (Kunde zahlt bar für AR 96)	490,00				
Geschäftsfall 5	€				
Die Bürodesign GmbH kauft für den Outlet-Store eine neue Kasse. Die Eingangsrechnung (ER 495) ist in 30 Tagen zu begleichen. (Einkauf einer Kasse auf Ziel, ER 495)	2 880,00				
Geschäftsfall 6	€				
Ein Kunde bezahlt die Ausgangsrechnung (AR 101) durch eine Banküberweisung (BA 511) (Kunde zahlt durch Banküberweisung, BA 511 für AR 101)	920,00				
Geschäftsfall 7	€				
Die Bürodesign GmbH überweist eine Rate (BA 513) zur Tilgung eines Darlehens. (Tilgung eines Darlehens durch BA 513)	1 000,00				
Geschäftsfall 8	€				
Die Bürodesign GmbH verkauft einen gebrauchten Schreibtisch bar. (Barverkauf eines gebrauchten Schreibtischs)	220,00				

© Bildungsverlag EINS GmbH

Lernsituation 3 – Übungsaufgaben

Geschäftsfälle		Leitfrage 1	Leitfrage 2	Leitfrage 3	Leitfrage 4
		Welche Bilanzpositionen werden durch den Geschäftsfall berührt?	Handelt es sich um Posten der Aktiv- oder Passivseite der Bilanz?	Vermehrt oder vermindert der Geschäftsfall die einzelnen Bilanzposten?	Um welche der vier Bilanzveränderungen handelt es sich?
Geschäftsfall 9	€				
Die Bürodesign GmbH kauft einen neuen Lieferwagen. Die Eingangsrechnung (ER 696) ist in 20 Tagen zu begleichen. (Fuhrpark, ER 696 auf Ziel)	20 120,00				
Geschäftsfall 10	€				
Ein Großkunde begleicht eine Rechnung über 5 Bürostühle (AR 102) per Banküberweisung (BA 914).	1 450,00				

Übung 3.4: Erfassung von Veränderungen des Vermögens und der Schulden auf Bestandskonten

Eröffnen Sie die Bestandskonten und buchen Sie die Geschäftsfälle aus der Übung 3.3. Achten Sie bereits hier auf eine wichtige Buchungsregel. Jeder Geschäftsfall löst je eine Buchung auf der Sollseite eines Kontos sowie auf der Habenseite eines anderen Kontos aus. Buchen Sie immer erst auf der Sollseite, bevor Sie auf der Habenseite die Gegenbuchung vornehmen!

Aktiva	Eröffnungsbilanz der Bürodesign GmbH		Passiva
I. **Anlagevermögen**		I. **Eigenkapital**	989 500,00
1. Grundstück mit Bauten	765 000,00	II. **Verbindlichkeiten (Schulden)**	
2. Fuhrpark	212 000,00	1. **langfristige** Darlehensschulden	760 000,00
3. Betriebs- und Geschäftsausstattung	170 500,00	2. **kurzfristige** Verbindlichkeiten a. LL	373 700,00
II. **Umlaufvermögen**			
1. Roh-, Hilfs-, Betriebsstoffe	650 700,00		
2. Forderungen a. LL	21 200,00		
3. Kasse	5 100,00		
4. Bankguthaben	298 700,00		
	2 123 200,00		2 123 200,00

Aktivkonten ⬇

S   Grundstücke mit Bauten   H

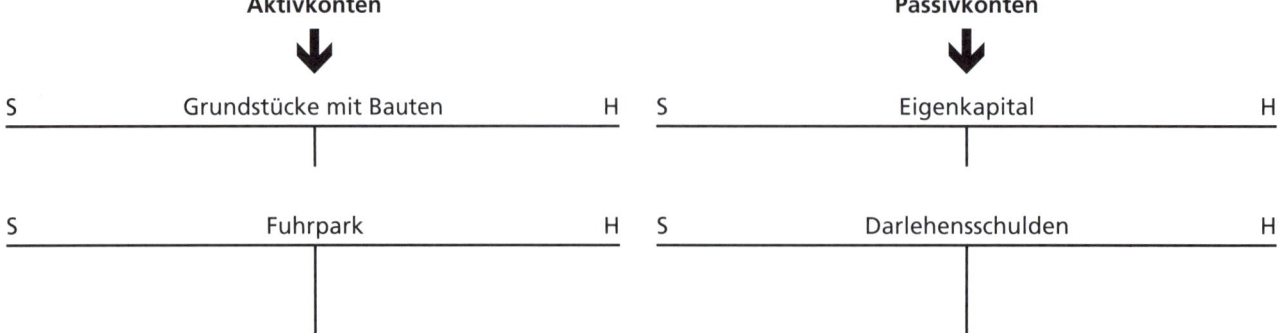

S   Fuhrpark   H

Passivkonten ⬇

S   Eigenkapital   H

S   Darlehensschulden   H

© Bildungsverlag EINS GmbH

Lernsituation 3 – Übungsaufgaben

| S | Betriebs- und Geschäftsausstattung | H | S | Verbindlichkeiten a. LL | H |

| S | Roh-, Hilfs-, Betriebsstoffe | H |

| S | Forderungen a. LL | H |

| S | Kasse | H |

| S | Bankguthaben | H |

© Bildungsverlag EINS GmbH

Lernsituation 4: Sie erfassen Belege systematisch im Grund- und Hauptbuch

Silvia Land arbeitet nun schon seit einiger Zeit in der Buchführung. Das Geschäftsjahr nähert sich dem Ende und die damit einhergehenden Belastungen sind auch für alle Mitarbeiter des Rechnungswesens spürbar. Als Frau König, die Gruppenleiterin des Rechnungswesens, zu Silvia ins Büro kommt, überreicht sie ihr einen ungeordneten Stapel an Belegen.

Frau König: *„Bitte buchen Sie die Geschäftsfälle und schließen Sie die betreffenden Konten ab. Zu Ihrer Hilfe haben Sie hier den Stand der aktuellen Belegnummern."*
(Lfd. Nr. 3600, KA 710, ER 540, BA 450)

Bürodesign GmbH
Dieselstraße 10
26607 Aurich

Quittung
EUR 180,00
EUR in Worten: einhundertachtzig
von: Bernhard Grunwald
für: Regal – gebraucht
Aurich, 20.12.20..
Betrag dankend in bar erhalten
Stempel/Unterschrift des Empfängers
Bürodesign GmbH
i. V. *Torsten Menne*

Belegnummer: _____

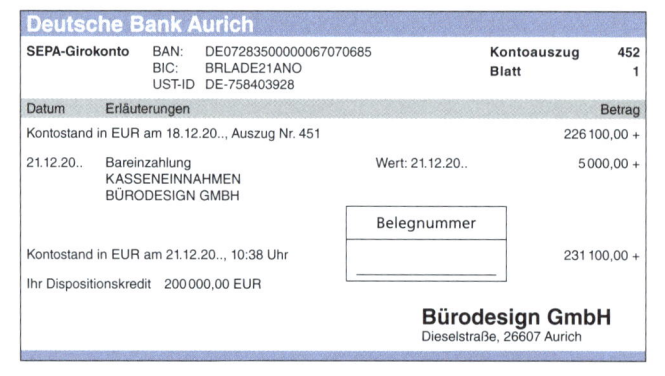

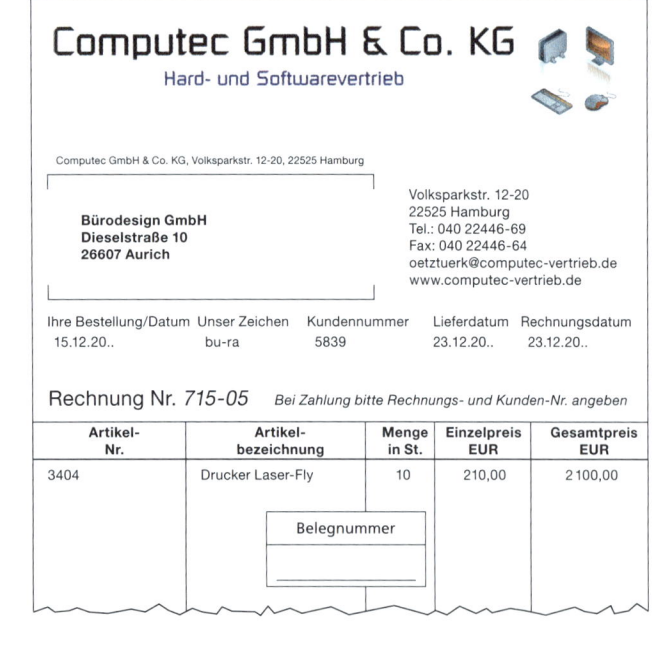

Deutsche Bank Aurich
SEPA-Girokonto
BAN: DE07283500000067070685
BIC: BRLADE21ANO
UST-ID: DE-758403928
Kontoauszug 452 Blatt 1

Datum	Erläuterungen	Betrag
	Kontostand in EUR am 18.12.20.., Auszug Nr. 451	226 100,00 +
21.12.20..	Bareinzahlung Wert: 21.12.20..	5 000,00 +
	KASSENEINNAHMEN BÜRODESIGN GMBH	
	Kontostand in EUR am 21.12.20.., 10:38 Uhr	231 100,00 +
	Ihr Dispositionskredit 200 000,00 EUR	

Belegnummer: _____

Bürodesign GmbH
Dieselstraße, 26607 Aurich

Computec GmbH & Co. KG
Hard- und Softwarevertrieb

Computec GmbH & Co. KG, Volksparkstr. 12-20, 22525 Hamburg

Bürodesign GmbH
Dieselstraße 10
26607 Aurich

Volksparkstr. 12-20
22525 Hamburg
Tel.: 040 22446-69
Fax: 040 22446-64
oetztuerk@computec-vertrieb.de
www.computec-vertrieb.de

Ihre Bestellung/Datum	Unser Zeichen	Kundennummer	Lieferdatum	Rechnungsdatum
15.12.20..	bu-ra	5839	23.12.20..	23.12.20..

Rechnung Nr. 715-05 *Bei Zahlung bitte Rechnungs- und Kunden-Nr. angeben*

Artikel-Nr.	Artikelbezeichnung	Menge in St.	Einzelpreis EUR	Gesamtpreis EUR
3404	Drucker Laser-Fly	10	210,00	2 100,00

Belegnummer: _____

KFZ-Handel
KFZ-Handel
Werner Heinrich e. K.
Bahnstraße 38
26607 Aurich
Tel.: 04941 785746
Fax: 04941 785748
www.kfz-heinrich.de
info@kfz-heinrich.de

Bürodesign GmbH
Dieselstraße 10
26607 Aurich

Betriebs-Nr.: 13246833
Auftrags-Nr.: 455-112
Datum: 19.12.20..
Kunden-Nr.: 0879

RECHNUNG

Amtl. Kennz.	Typ/Modell	Fahrzeug-Ident-Nr.	Zulassungstag	Annahmetag	km-Stand
AUR-ME-700	MB-102	3912-1295-32	21.12.20..	–	212

1 LKW 7,5 Tonnen, MB 102   40 000,00

Belegnummer: _____

Lernsituation 4

Deutsche Bank Aurich

SEPA-Girokonto	BAN: DE07283500000067070685	Kontoauszug	451
	BIC: BRLADE21ANO	Blatt	1
	UST-ID DE-758403928		

Datum	Erläuterungen		Betrag
	Kontostand in € am 16.12.20.., Auszug Nr. 450		232 100,00 +
18.12.20..	Tilgung Darlehensvertrag 6690-312	Wert: 18.12.20..	6 000,00 –
	Belegnummer _____		
	Kontostand in EUR am 18.12.20.., 10:10 Uhr		226 100,00 +
	Ihr Dispositionskredit 200 000,00 EUR		

Bürodesign GmbH
Dieselstraße, 26607 Aurich

Deutsche Bank Aurich

SEPA-Girokonto	BAN: DE07283500000067070685	Kontoauszug	453
	BIC: BRLADE21ANO	Blatt	1
	UST-ID DE-758403928		

Datum	Erläuterungen		Betrag
	Kontostand in EUR am 21.12.20.., Auszug Nr. 452		231 100,00 +
22.12.20..	Zahlungseingang BÜROMÖBEL GMBH EUROPA RECHNUNGSNUMMER 498-21 RECHNUNGSDATUM 13.12.20..	Wert: 21.12.20..	1 520,00 +
	Belegnummer _____		
	Kontostand in EUR am 22.12.20.., 9:54 Uhr		232 620,00 +
	Ihr Dispositionskredit 200 000,00 EUR		

Bürodesign GmbH
Dieselstraße, 26607 Aurich

Abels, Wirtz & Co. KG

Abels, Wirtz & Co. KG, Industriestr. 124, 42653 Solingen

Bürodesign GmbH
Dieselstraße 10
26607 Aurich

Industriestraße 124
29227 Celle

Tel.: 05141 72114
Fax: 05141 72119
E-Mail: info@abels-wirtz.de
Internet: www.abels-wirtz.de

Lieferschein
Bei Zahlung/Rücksendung/Gutschrift unbedingt angeben

Kunden-Nr.	Lieferschein-Nr.	Datum
928454	489	20.12.20..

Belegnummer _____

Sehr geehrte Damen und Herren,
mit der heutigen Lieferung erhalten Sie:

Pos	Artikel-Nr.	Artikelbezeichnung	Menge Stk	Einzelpreis EUR
1	100201	Schloß Primo	1000	9,65
2	100301	Scharnier Classic	1000	10,90
3	100303	Beschläge Admiral	1000	5,85

Bürodesign GmbH — **Quittung**

Dieselstraße 10
26607 Aurich

EUR 4.400 | 00

EUR in Worten: viertausendvierhundert   Cent wie oben

von: LKW-Gebrauchtwagenhändler K(...)
für: Kleinwagentransporter Fia(...)

Belegnummer _____

Aurich, 17.12.20..   Betrag dankend in bar erhalten
Ort/Datum

Buchungsvermerke   Stempel/Unterschrift des Empfängers
Bürodesign GmbH
i. V. *Torsten Menne*

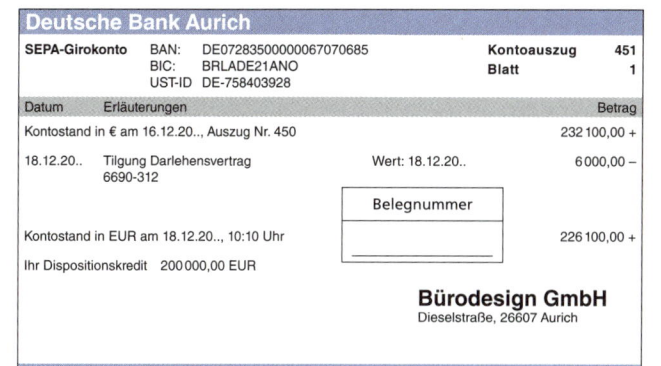

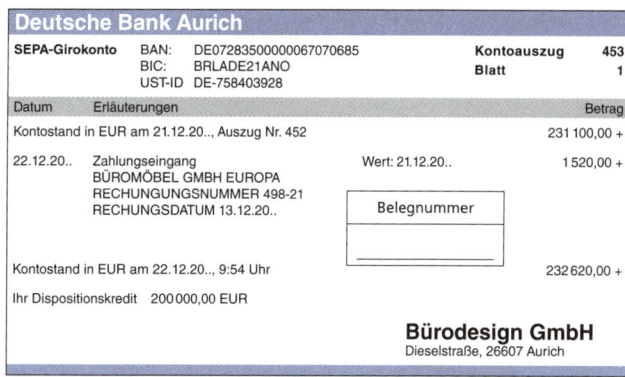

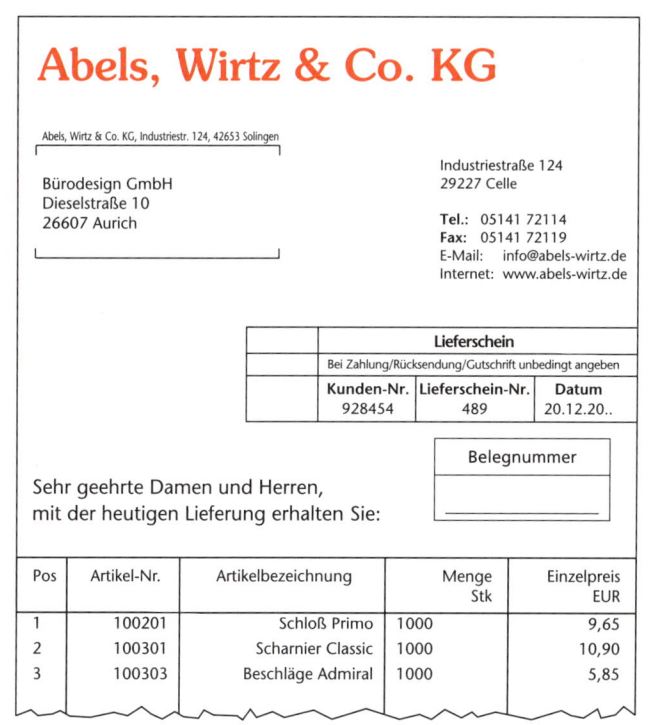

Deutsche Bank Aurich

SEPA-Girokonto	BAN: DE07283500000067070685	Kontoauszug	454
	BIC: BRLADE21ANO	Blatt	1
	UST-ID DE-758403928		

Datum	Erläuterungen		Betrag
	Kontostand in EUR am 22.12.20.., Auszug Nr. 453		232 620,00 +
24.12.20..	Überweisung KFZ HANDEL HEINRICH AUFTRAGSNUMMER 455-112 RECHNUNGSDATUM 19.12.20..	Wert: 24.12.20..	40 000,00 –
	Belegnummer _____		
	Kontostand in EUR am 24.12.20.., 10:04 Uhr		192 620,00 +
	Ihr Dispositionskredit 200 000,00 EUR		

Bürodesign GmbH
Dieselstraße, 26607 Aurich

Analyse des Einstiegsszenarios

Begeben Sie sich in eine Vierergruppe und sammeln Sie in Stichworten mögliche Aufgaben und Arbeitsschritte des Rechnungswesens, die im Zusammenhang mit den vorliegenden Belegen anfallen.

_____
_____
_____
_____
_____
_____
_____

© Bildungsverlag EINS GmbH

Planen und entscheiden

Planen Sie die einzelnen Arbeitsschritte zur ordnungsgemäßen Erfassung der abgebildeten Belege und stellen Sie diese in einem Ablaufschema dar.

Ablaufschema zur Bearbeitung von Belegen

1. Schritt
_____

2. Schritt
_____

3. Schritt
_____

4. Schritt
_____

5. Schritt
_____

6. Schritt
_____

Bewerten I

- Übertragen Sie Ihren Ablaufplan auf ein Plakat oder einer Folie und stellen Sie diesen in Ihrer Klasse vor.

- Klären Sie im Klassengespräch, welcher Ablaufplan für das Erfassen und Buchen der Belege am sinnvollsten erscheint.

- Ergänzen Sie Ihren bisherigen Ablaufplan in Ihrem Arbeitsheft und passen Sie ihn ggf. an.

Durchführen

Führen Sie Ihre Planungen aus und buchen Sie die vorliegenden Belege. Verwenden Sie dazu die folgenden Vorlagen. Benennen Sie Ihre jeweiligen Arbeitsschritte.
_____

© Bildungsverlag EINS GmbH

Beleg 1 — Quittung

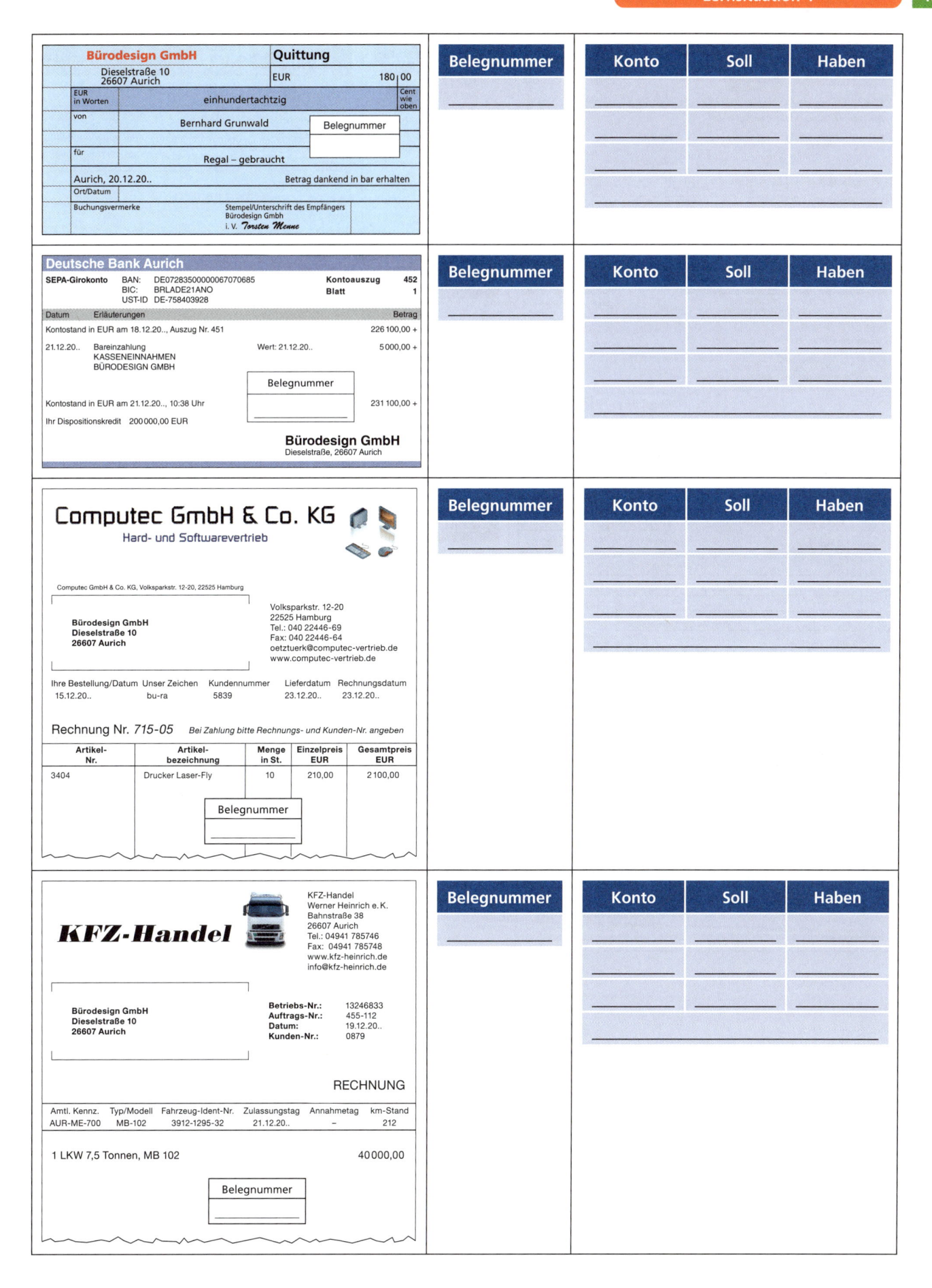

Bürodesign GmbH
Dieselstraße 10
26607 Aurich

Quittung: EUR 180,00
in Worten: einhundertachtzig
von: Bernhard Grunwald
für: Regal – gebraucht
Aurich, 20.12.20..
Betrag dankend in bar erhalten
Stempel/Unterschrift des Empfängers
Bürodesign Gmbh
i. V. *Torsten Menne*

Beleg 2 — Kontoauszug

Deutsche Bank Aurich
SEPA-Girokonto
BAN: DE07283500000067070685
BIC: BRLADE21ANO
UST-ID: DE-758403928
Kontoauszug 452, Blatt 1

Datum	Erläuterungen	Betrag
	Kontostand in EUR am 18.12.20.., Auszug Nr. 451	226 100,00 +
21.12.20..	Bareinzahlung KASSENEINNAHMEN BÜRODESIGN GMBH — Wert: 21.12.20..	5 000,00 +
	Kontostand in EUR am 21.12.20.., 10:38 Uhr	231 100,00 +
	Ihr Dispositionskredit 200 000,00 EUR	

Bürodesign GmbH, Dieselstraße, 26607 Aurich

Beleg 3 — Rechnung Computec GmbH & Co. KG

Computec GmbH & Co. KG — Hard- und Softwarevertrieb
Computec GmbH & Co. KG, Volksparkstr. 12-20, 22525 Hamburg

Bürodesign GmbH
Dieselstraße 10
26607 Aurich

Volksparkstr. 12-20
22525 Hamburg
Tel.: 040 22446-69
Fax: 040 22446-64
oetztuerk@computec-vertrieb.de
www.computec-vertrieb.de

Ihre Bestellung/Datum	Unser Zeichen	Kundennummer	Lieferdatum	Rechnungsdatum
15.12.20..	bu-ra	5839	23.12.20..	23.12.20..

Rechnung Nr. 715-05 *Bei Zahlung bitte Rechnungs- und Kunden-Nr. angeben*

Artikel-Nr.	Artikelbezeichnung	Menge in St.	Einzelpreis EUR	Gesamtpreis EUR
3404	Drucker Laser-Fly	10	210,00	2 100,00

Beleg 4 — Rechnung KFZ-Handel

KFZ-Handel
KFZ-Handel Werner Heinrich e. K.
Bahnstraße 38
26607 Aurich
Tel.: 04941 785746
Fax: 04941 785748
www.kfz-heinrich.de
info@kfz-heinrich.de

Bürodesign GmbH
Dieselstraße 10
26607 Aurich

Betriebs-Nr.: 13246833
Auftrags-Nr.: 455-112
Datum: 19.12.20..
Kunden-Nr.: 0879

RECHNUNG

Amtl. Kennz.	Typ/Modell	Fahrzeug-Ident-Nr.	Zulassungstag	Annahmetag	km-Stand
AUR-ME-700	MB-102	3912-1295-32	21.12.20..	–	212

1 LKW 7,5 Tonnen, MB 102	40 000,00

Lernsituation 4

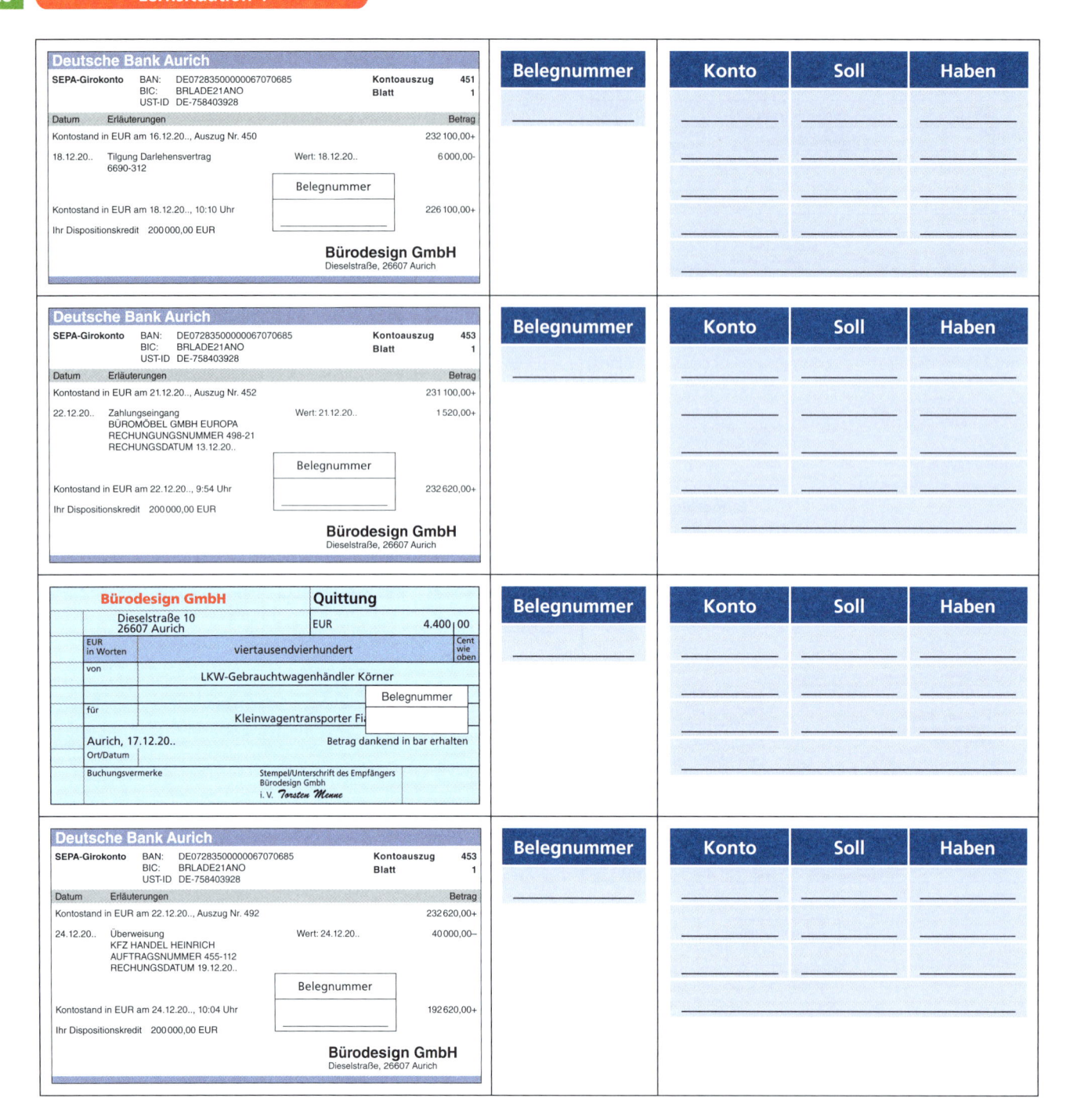

Abels, Wirtz & Co. KG

Abels, Wirtz & Co. KG, Industriestr. 124, 42653 Solingen

Bürodesign GmbH
Dieselstraße 10
26607 Aurich

Industriestraße 124
29227 Celle

Tel.: 05141 72114
Fax: 05141 72119
E-Mail: info@abels-wirtz.de
Internet: www.abels-wirtz.de

Lieferschein

Bei Zahlung/Rücksendung/Gutschrift unbedingt angeben

Kunden-Nr.	Lieferschein-Nr.	Datum
928454	489	20.12.20..

Belegnummer

Sehr geehrte Damen und Herren,
mit der heutigen Lieferung erhalten Sie:

Pos	Artikel-Nr.	Artikelbezeichnung	Menge Stk	Einzelpreis EUR
1	100201	Schloß Primo	1000	9,65
2	100301	Scharnier Classic	1000	10,90
3	100303	Beschläge Admiral	1000	5,85

Belegnummer	Konto	Soll	Haben

Bürodesign GmbH

Grundbuch — Seite 351

Lfd. Nr.	Buchungs-datum	Beleg	Buchungssatz	Soll in €	Haben in €
3601					
3602					
3603					
3604					
3605					
3606					
3607					
3608					

© Bildungsverlag EINS GmbH

S	Grundstücke mit Bauten	H	S	Eigenkapital	H
AB	765 000,00			AB	929 100,00

S	Fuhrpark	H	S	Darlehensschulden	H
AB	200 000,00			AB	690 000,00

S	Betriebs- und Geschäftsausstattung	H	S	Verbindlichkeiten a. LL.	H
AB	175 000,00			AB	380 000,00

S	Roh-, Hilfs-, Betriebsstoffe	H
AB	610 000,00	

S	Forderungen a. LL.	H
AB	27 000,00	

S	Kasse	H	S	Bankguthaben	H
AB	12 100,00		AB	210 000,00	

© Bildungsverlag EINS GmbH

Soll	Schlussbilanzkonto	Haben

Bewerten II

Vergleichen Sie Ihre Ergebnisse zunächst mit Ihrer Sitznachbarin bzw. Ihrem Sitznachbarn, bevor Sie die Ergebnisse in der Klasse besprechen.

Vertiefen und Lernergebnisse sichern

Denken Sie in Einzelarbeit über Ihren zurückliegenden Arbeitsprozess nach und verfassen Sie eine verständliche Arbeitsanweisung zum ordnungsgemäßen Buchen von Geschäftsfällen für eine neue Kollegin oder einen neuen Kollegen.

Übung 4.1: Vom Kontenrahmen zum Kontenplan

Die Bürodesign GmbH benötigt zur Erfassung der Geschäftsfälle unter anderem folgende Bestandskonten:

Rohstoffe, Maschinen, unbebaute Grundstücke, Kasse, Eigenkapital, Verbindlichkeiten a. LL., Unfertige Erzeugnisse, Fuhrpark, Forderungen a. LL., Fertige Erzeugnisse, Betriebs- und Geschäftsausstattung, Hilfsstoffe, Werkzeuge, langfristige Bankverbindlichkeiten, Bank, Betriebsstoffe, bebautes Grundstück: Betriebsgebäude, Waren (Handelswaren)

© Bildungsverlag EINS GmbH

Lernsituation 4 – Übungsaufgaben

Arbeiten Sie mit dem Industriekontenrahmen im Anhang Ihres Lehrbuchs und stellen Sie die Konten mit Kontennummern auszugsweise in einem Kontenplan zusammen.

Kontenplan		
Kontenklasse	Kontennummer	Kontenbezeichnung
0: Immaterielle Vermögensgegenstände und Sachanlagen		
2: Umlaufvermögen und aktive Rechnungsabgrenzung		
3: Eigenkapital und Rückstellungen		
4: Verbindlichkeiten und Rechnungsabgrenzung (passiv)		

Übung 4.2: Zusammengesetzte Buchungssätze

Bilden Sie die Buchungssätze zu den folgenden Geschäftsfällen.

	€
1. Kunde gleicht Rechnung aus	
durch Banküberweisung	740,00
durch Barzahlung	820,00
2. Kauf eines Pkw für den Betrieb	
gegen Bankscheck	14 900,00
gegen bar	5 000,00

© Bildungsverlag EINS GmbH

3. Tilgung eines Bankdarlehens
   durch Banküberweisung 6 000,00
   durch Barzahlung 500,00
4. Verkauf einer gebrauchten Maschine
   gegen Barzahlung 200,00
   gegen Bankscheck 500,00
   auf Ziel 1 300,00
5. Ausgleich einer Lieferrechnung
   durch Banküberweisung 1 900,00
   durch Barzahlung 500,00
6. Kauf von Regalen für das Lager
   gegen Barzahlung 1 200,00
   gegen Bankscheck 3 800,00

Grundbuch					Seite 1
Lfd. Nr.	Buchungs-datum	Buchungssatz		Soll in €	Haben in €

Übung 4.3: Erfolgswirksame Geschäftsfälle

Vervollständigen Sie die Tabelle nach folgendem Beispiel:

Geschäftsfall		Welche Konten werden von dem Geschäftsfall betroffen?	Zu welcher Kontenart gehören die Konten?	Buchungstext	Soll	Haben
Geschäftsfall 1	€	6900 Versicherungsbeiträge	Aufwandskonto	6900 Versicherungsbeiträge an 2800 Bank	3 100,00	
Banküberweisung der Bürodesign GmbH für Versicherungsbeiträge	3 100,00	2800 Bank	Bestandskonto			3 100,00
Geschäftsfall 2	€					
Tagesumsätze des Bürodesign GmbH Outlet-Stores	31 580,00					
Geschäftsfall 3	€					
Banküberweisung für die Gehälter der Angestellten	21 000,00					
Geschäftsfall 4	€					
Die Bürodesign GmbH bezieht von der Vereinigten Spanplatten AG Tischlerplatten mit einem Zahlungsziel von 30 Tagen	5 400,00					
Geschäftsfall 5	€					
Die Bürodesign GmbH erhält eine Zinsgutschrift ihrer Bank	1 050,00					
Geschäftsfall 6	€					
Die Bürodesign GmbH überweist die Miete für ihr Außenlager	2 200,00					

Übung 4.4: Eine Lernübersicht erstellen – Das System der Bestands- und Erfolgskonten

Zur eigenen Lernerfolgskontrolle vervollständigen Sie bitte, ohne zunächst in das Schulbuch zu schauen, die Lernübersicht an den gekennzeichneten Stellen.

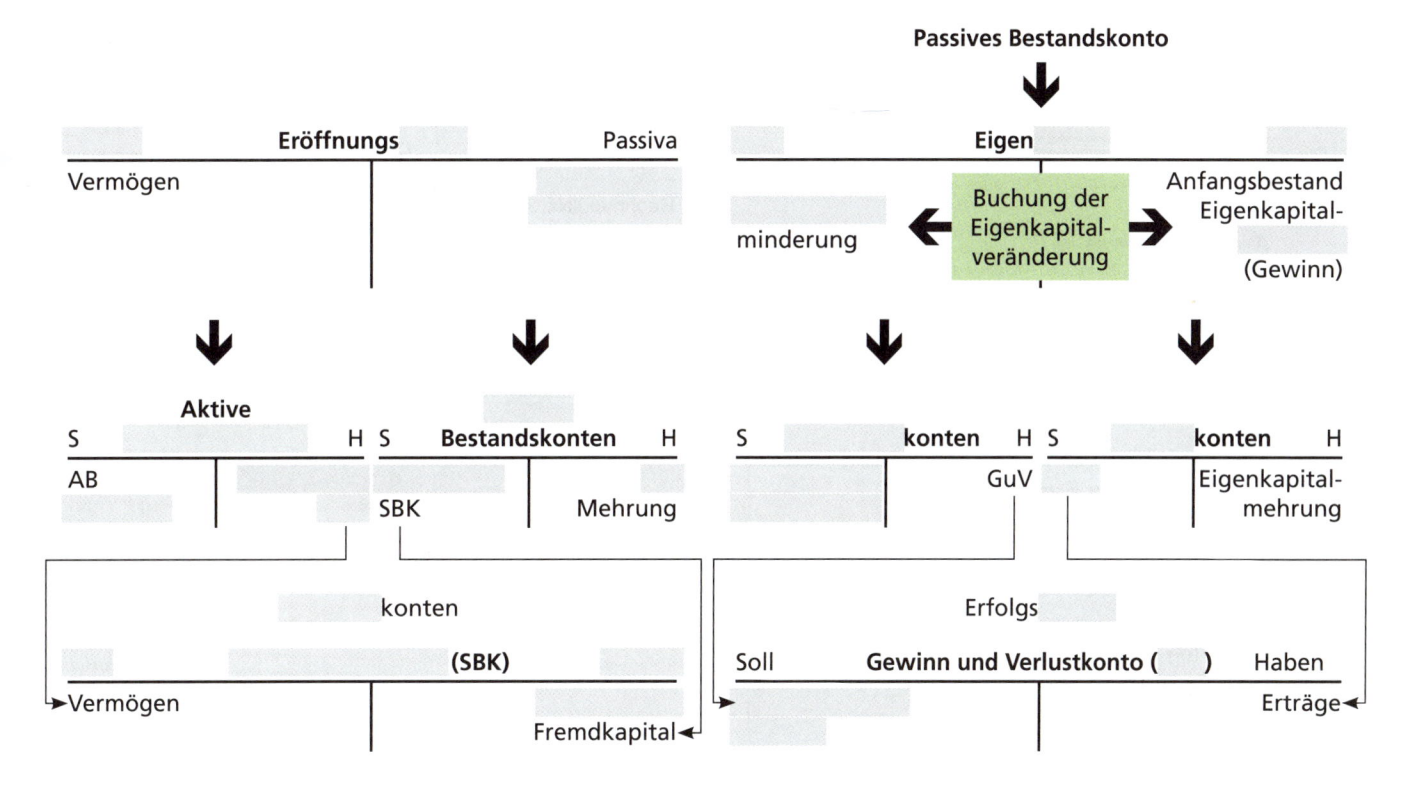

Passives Bestandskonto ↓

```
            Eröffnungs         Passiva                        Eigen
Vermögen                                                                    Anfangsbestand
                                              ← Buchung der →               Eigenkapital-
                                    minderung  Eigenkapital-
                                                veränderung                   (Gewinn)
```

```
        Aktive
S                    H   S    Bestandskonten   H    S       konten    H  S       konten    H
AB                                                              GuV              Eigenkapital-
                             SBK        Mehrung                                    mehrung

              konten                                        Erfolgs
                     (SBK)                       Soll    Gewinn und Verlustkonto (    )   Haben
→ Vermögen                                                                              Erträge ←
                             Fremdkapital ←
```

Übung 4.5: Erfolgswirksame Vorgänge erfassen und den Erfolg ermitteln

1 Sichten, prüfen und sortieren Sie die unten abgebildeten Belege nach Datum.
2 Versehen Sie die Belege mit der entsprechenden Belegnummer. (Lfd. Nr. 100, KA 40, ER 20, AR 05, BA 30)
3 Kontieren Sie die Belege vor.
4 Erfassen Sie die Belege im Grund- und im Hauptbuch (Anfangsbestände sind vorgegeben).
5 Führen Sie den Abschluss zum 31.03.20.. durch.

Hinweis: Aus Vereinfachungsgründen wird an dieser Stelle auf die Berücksichtigung der USt verzichtet.

© Bildungsverlag EINS GmbH

Lernsituation 4 – Übungsaufgaben

Beleg 1: Rechnung Bürodesign GmbH an Klassik 2000 GmbH

BÜRODESIGN GMBH
Ein ökologisch orientiertes Unternehmen

BÜRODESIGN GMBH · Dieselstraße 10 · 26607 Aurich

Klassik 2000 GmbH
Hagenstraße 130
59075 Hamm

E-Mail: kontakt@buerodesign-online.de
Internet: www.buerodesign-online.de
Anschrift: Dieselstraße 10, 26607 Aurich
Telefon: 04941-3494
Telefax: 04941-3495

Belegnummer: _____

Rechnung

Ihre Bestellung vom: 12.03.20..
Lieferdatum: 18.03.20..

Kunden-Nr.: 10000
Rechnungs-Nr.: 31465
Rechnungstag: 18.03.20..
Bei Zahlung bitte angeben

Pos.	Artikel-Nr.	Artikelbezeichnung	Menge	Einzelpreis	Gesamtpreis
1	B094	Druckertisch Eura	20	150,50	3.010,00
2	B814	Bürodrehstuhl Ergo	30	214,50	6.435,00
3	B238	Drehsäule für Ordner	20	192,25	3.845,00
					13.290,00

Beleg 2: Rechnung Hankel & Cie. GmbH

Hankel & Cie. GmbH
Augustastr. 8
40477 Düsseldorf

Hankel & Cie. GmbH · Augustastr. 8 · 40477 Düsseldorf

Bürodesign GmbH
Dieselstraße 10
26607 Aurich

Augustastr. 8
40477 Düsseldorf
Tel.: 0211 345234
Fax: 0211 345100
www.hankel.de
Info@hankel.de

Belegnummer: _____

Ihre Bestellung v.	Unser Zeichen	Kundennummer	Lieferdatum	Rechnungsdatum
12.03.20..	ke-lb	7362	16.03.20..	16.03.20..

Rechnung Nr. 34521-133

Artikel-Nr.	Artikelbezeichnung	Menge in St.	Einzelpreis EUR	Gesamtpreis EUR
1021	Bezugsstoff Royal – Rolle zu je 20 m	10	115,00	1 150,00
2341	Bezugsstoff Toskana – Rolle zu je 20 m	6	162,33	973,98
3115	Polsterfüllmaterial – Ballen	2	163,01	326 02
				2450 00

Betrag dankend in bar erhalten.

Beleg 3: Auszug Kassenbericht Bürodesign Outletstore

Bürodesign GmbH
Dieselstraße 10
26607 Aurich
Tel. 04941 3494

Belegnummer: _____

Kassenumsätze 16.03.20.. bis 21.03.20..

Finanzbericht: 21.03.20..

Barverkäufe	7 500,00 EUR
Anzahl Artikel	58
Anzahl Kunden	78

Beleg 4: Kontoauszug 31 Deutsche Bank Aurich

Deutsche Bank Aurich
SEPA-Girokonto
BAN: DE07283500000067070685
BIC: BRLADE21ANO
UST-ID DE-758403928
Kontoauszug 31 Blatt 1

Datum	Erläuterungen	Betrag
	Kontostand in EUR am 13.03.20.., Auszug Nr. 30	229 700,00+
14.03.20..	Überweisungen Wert: 14.03.20..	
	GEHALT WILKE	3400,00-
	GEHALT DUMANN	2600,00-
	GEHALT MELICIK..	2700,00-
	Kontostand in EUR am 14.03.20.., 9:04 Uhr	221 000,00+
	Ihr Dispositionskredit 200 000,00 EUR	

Belegnummer: _____

Bürodesign GmbH
Dieselstraße, 26607 Aurich

Beleg 5: Kontoauszug 32 Deutsche Bank Aurich

Deutsche Bank Aurich
SEPA-Girokonto
BAN: DE07283500000067070685
BIC: BRLADE21ANO
UST-ID DE-758403928
Kontoauszug 32 Blatt 1

Datum	Erläuterungen	Betrag
	Kontostand in EUR am 14.03.20.., Auszug Nr. 31	221 000,00+
22.03.20..	Bareinzahlung Wert: 22.03.20..	7 000,00+
	KASSENEINNAHMEN BÜRODESIGN OUTLETSTORE	
	Kontostand in EUR am 21.12.20.., 10:38 Uhr	228 000,00+
	Ihr Dispositionskredit 200 000,00 EUR	

Belegnummer: _____

Bürodesign GmbH
Dieselstraße, 26607 Aurich

Beleg 6: Deutsche Post AG

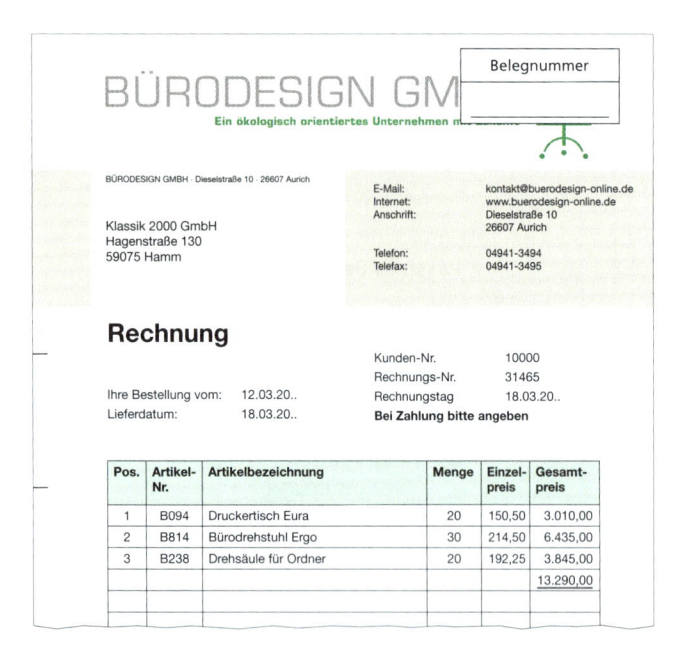

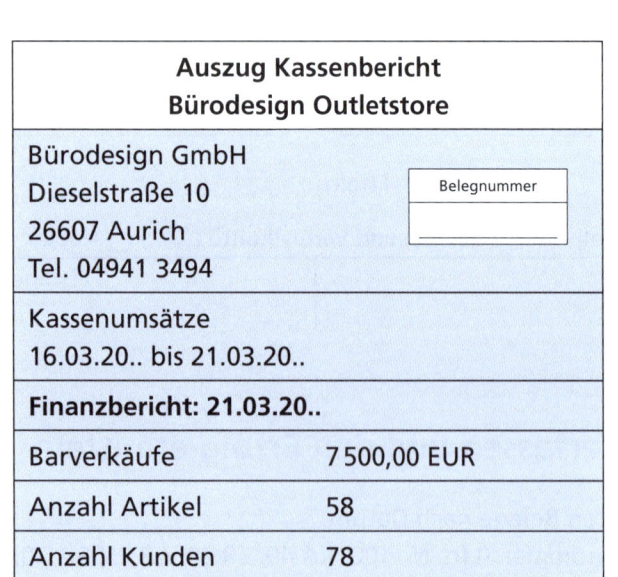

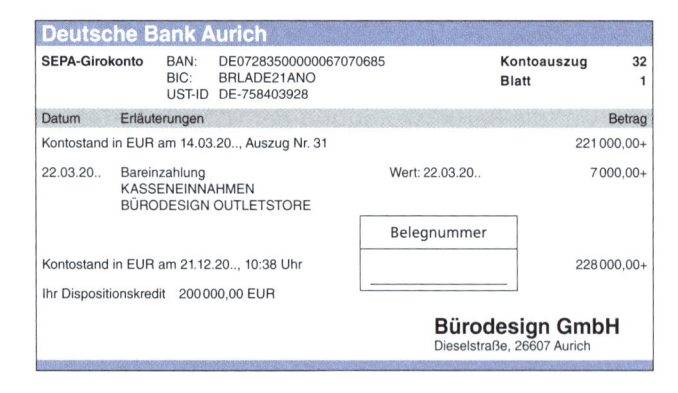

Deutsche Post AG
26607 Aurich
Welkenraedterstr. 1   19. März 20..

84,00 EUR

Postwertzeichen ohne Zuschlag

Belegnummer: _____

Vielen Dank für Ihren Besuch
Ihre Deutsche Post AG

© Bildungsverlag EINS GmbH

Lernsituation 4 – Übungsaufgaben

OFEW
Ostfriesische Elektrizitätswerke
Postfach 1760
26607 Aurich

Jahresrechnung
Kundennummer 24 6946844
bei Zahlung und Rückfragen bitte angeben

Ostfriesische Elektrizitätswerke · Postfach 1760 · 26607 Aurich

Belegnummer

Bürodesign GmbH
Dieselstraße 10
26607 Aurich

Aurich, den 17. März 20..

Stromlieferung nach Tarif A2

		Zeitraum	Preis	Betrag/EUR
Zähler Nr. 92164352				
Zählerstand 31.01.20.(–1)	0375000			
Zählerstand 31.01.20.(0)	0444000	364		
Unterschied	69.00	Tage	21,40 Ct/kWh	14 766,00
Zähler:			94,50 EUR/Jahr	94,50
			Entgelt	14 860,50
Bereits gezahlt				12 000
			Rechnungs-betrag	2 860,50
Rechnung zahlbar innerhalb von 14 Tagen nach Rechnungseingang				

Vereinigte Spanplatten AG
Spanplatten · Umleimer

Vereinigte Spanplatten AG, Ulmenstraße 16 26135 Oldenburg

Bürodesign GmbH
Dieselstraße 10
26607 Aurich

Ulmenstraße 16
26135 Oldenburg
Tel.: 0441 43785
Fax: 0441 34679
E-Mail: info@vereinigte-spanplatten.de
Internet: www.vereinigte-spanplatten.de

Belegnummer

RECHNUNG

Ihre Bestellung vom	Kunden-Nr.	Rechnungs-Nr.	Rechnungsdatum
12.03.20..	53427	34900	15.03.20..

Pos.	Artikel Nr.	Artikelbezeichnung	Menge	Einzelpreis EUR	Gesamtpreis EUR
1	1811	Tischlerplatten, 1900 × 1750 × 20	15	71,67	1 075,05

Deutsche Bank Aurich

SEPA-Girokonto BAN: DE07283500000067070685
BIC: BRLADE21ANO
UST-ID DE-758403928

Kontoauszug 33
Blatt 1

Datum	Erläuterungen		Betrag
	Kontostand in EUR am 22.03.20.., Auszug Nr. 32		228 000,00+
24.03.20..	Überweisung VEREINTE SPANPLATTEN AG RECHNUNGSNUMMER 34900 RECHNUNGSDATUM 15.3.20..	Wert: 24.03.20..	1 075,05-
24.03.20..	Lastschrift BUCHUNGSSTELLE TELEKO AURICH..	Wert: 24.03.20..	330,00-
	Kontostand in EUR am 24.03.20.., 9:04 Uhr		226 594,95+
Ihr Dispositionskredit 200 000,00 EUR			

Belegnummer

Bürodesign GmbH
Dieselstraße, 26607 Aurich

Quittung

Bürodesign GmbH
Dieselstraße 10
26607 Aurich

EUR 200 | 00

EUR in Worten zweihundert   Cent wie oben

von Kiosk Trampmann e.K.

für Registrierkasse gebraucht Verkaufsboutique

Belegnummer

Aurich, 25.03.20..
Ort/Datum

Betrag dankend in bar erhalten

Buchungsvermerke

Stempel/Unterschrift des Empfängers
Bürodesign GmbH
i. V. *Stein*

Übertragung der Belegnummer und Vorkontierung der Belege:

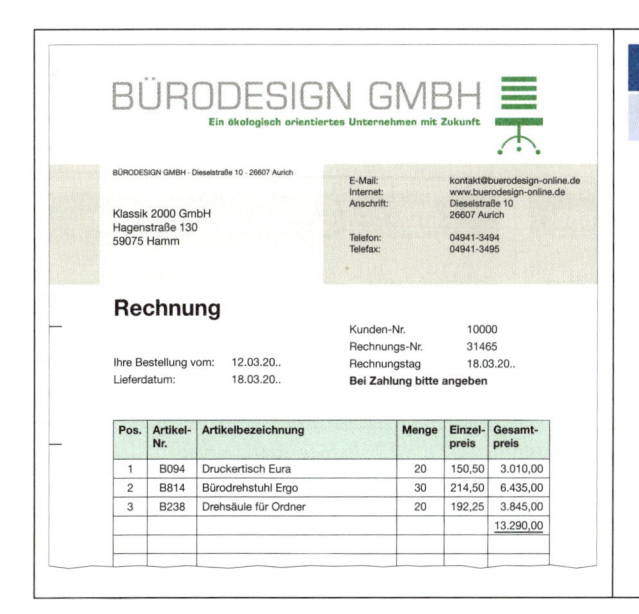

BÜRODESIGN GMBH
Ein ökologisch orientiertes Unternehmen mit Zukunft

BÜRODESIGN GMBH · Dieselstraße 10 · 26607 Aurich

Klassik 2000 GmbH
Hagenstraße 130
59075 Hamm

E-Mail: kontakt@buerodesign-online.de
Internet: www.buerodesign-online.de
Anschrift: Dieselstraße 10, 26607 Aurich
Telefon: 04941-3494
Telefax: 04941-3495

Rechnung

Kunden-Nr. 10000
Rechnungs-Nr. 31465
Rechnungstag 18.03.20..

Ihre Bestellung vom: 12.03.20..
Lieferdatum: 18.03.20..

Bei Zahlung bitte angeben

Pos.	Artikel-Nr.	Artikelbezeichnung	Menge	Einzel-preis	Gesamt-preis
1	B094	Druckertisch Eura	20	150,50	3.010,00
2	B814	Bürodrehstuhl Ergo	30	214,50	6.435,00
3	B238	Drehsäule für Ordner	20	192,25	3.845,00
					13.290,00

Belegnummer	Konto	Soll	Haben

© Bildungsverlag EINS GmbH

Lernsituation 4 – Übungsaufgaben

Hankel & Cie. GmbH
Augustastr. 8
40477 Düsseldorf

Hankel & Cie. GmbH · Augustastr. 8 · 40477 Düsseldorf

Bürodesign GmbH
Dieselstraße 10
26607 Aurich

Augustastr. 8
40477 Düsseldorf
Tel.: 0211 345234
Fax: 0211 345100
www.hankel.de
Info@hankel.de

Ihre Bestellung v.	Unser Zeichen	Kundennummer	Lieferdatum	Rechnungsdatum
12.03.20..	ke-lb	7362	16.03.20..	16.03.20..

Rechnung Nr. *34521-133*

Artikel-Nr.	Artikelbezeichnung	Menge in St.	Einzelpreis EUR	Gesamtpreis EUR
1021	Bezugsstoff Royal – Rolle zu je 20 m	10	115,00	1 150,00
2341	Bezugsstoff Toskana – Rolle zu je 20 m	6	162,33	973,98
3115	Polsterfüllmaterial – Ballen	2	163,01	326,02
				2 450,00
	Betrag dankend in bar erhalten.			

Auszug Kassenbericht
Bürodesign Outletstore

Bürodesign GmbH
Dieselstraße 10
26607 Aurich
Tel. 04941 3494

Kassenumsätze
16.03.20.. bis 21.03.20..

Finanzbericht: 21.03.20..

Barverkäufe	7 500,00 EUR
Anzahl Artikel	58
Anzahl Kunden	78

Deutsche Bank Aurich

SEPA-Girokonto
BAN: DE07283500000067070685
BIC: BRLADE21ANO
UST-ID DE-758403928

Kontoauszug 31
Blatt 1

Datum	Erläuterungen	Betrag
	Kontostand in EUR am 13.03.20.., Auszug Nr. 30	229 700,00+
14.03.20..	Überweisungen Wert: 14.03.20..	
	GEHALT WILKE	3 400,00-
	GEHALT DUMANN	2 600,00-
	GEHALT MELICIK..	2 700,00-
	Kontostand in EUR am 14.03.20.., 9:04 Uhr	221 000,00+
	Ihr Dispositionskredit 200 000,00 EUR	

Bürodesign GmbH
Dieselstraße, 26607 Aurich

Deutsche Bank Aurich

SEPA-Girokonto
BAN: DE07283500000067070685
BIC: BRLADE21ANO
UST-ID DE-758403928

Kontoauszug 32
Blatt 1

Datum	Erläuterungen	Betrag
	Kontostand in EUR am 14.03.20.., Auszug Nr. 31	221 000,00+
22.03.20..	Bareinzahlung Wert: 22.03.20..	7 000,00+
	KASSENEINNAHMEN	
	BÜRODESIGN OUTLETSTORE	
	Kontostand in EUR am 22.03.20.., 9:34 Uhr	228 000,00+
	Ihr Dispositionskredit 200 000,00 EUR	

Bürodesign GmbH
Dieselstraße, 26607 Aurich

Belegnummer	Konto	Soll	Haben

Belegnummer	Konto	Soll	Haben

Belegnummer	Konto	Soll	Haben

Belegnummer	Konto	Soll	Haben

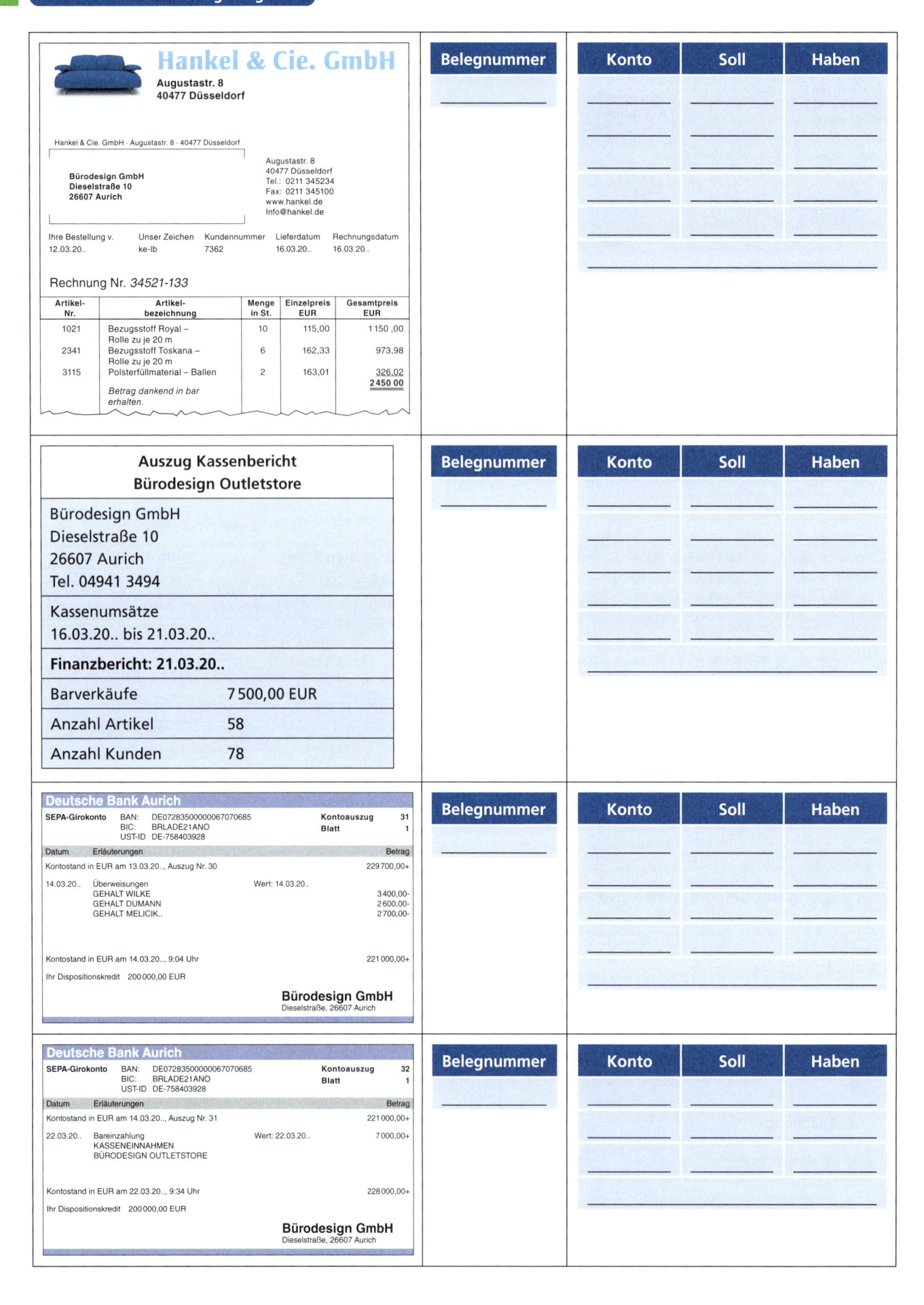

© Bildungsverlag EINS GmbH

Beleg 1

Deutsche Post AG
26607 Aurich
Welkenraedterstr. 1   19. März 20..

84,00 EUR

Postwertzeichen ohne Zuschlag

Vielen Dank für Ihren Besuch
Ihre Deutsche Post AG

Beleg 2

OFEW
Ostfriesische Elektrizitätswerke
Postfach 1760
26607 Aurich

Jahresrechnung
Kundennummer 24 6946844
bei Zahlung und Rückfragen bitte angeben

Ostfriesische Elektrizitätswerke · Postfach 1760 · 26607 Aurich

Bürodesign GmbH
Dieselstraße 10
26607 Aurich

Aurich, den 17. März 20..

Stromlieferung nach Tarif A2

		Zeitraum	Preis	Betrag/EUR
Zähler Nr. 92164352				
Zählerstand 31.01.20.(–1)	0375000			
Zählerstand 31.01.20.(0)	0444000	364		
Unterschied	69.00	Tage	21,40 Ct/kWh	14 766,00
Zähler:			94,50 EUR/ Jahr	94,50
			Entgelt	14 860,50
Bereits gezahlt				12 000
			Rechnungs- betrag	2 860,50

Rechnung zahlbar innerhalb von 14 Tagen nach Rechnungseingang

Beleg 3

Vereinigte Spanplatten AG
Spanplatten · Umleimer

Vereinigte Spanplatten AG, Ulmenstraße 16 26135 Oldenburg

Bürodesign GmbH
Dieselstraße 10
26607 Aurich

Ulmenstraße 16
26135 Oldenburg
Tel.: 0441 43785
Fax: 0441 34679
E-Mail: info@vereinigte-spanplatten.de
Internet: www.vereinigte-spanplatten.de

RECHNUNG

Ihre Bestellung vom 12.03.20..	Kunden-Nr. 53427	Rechnungs-Nr. 34900	Rechnungsdatum 15.03.20..

Pos.	Artikel Nr.	Artikelbezeichnung	Menge	Einzelpreis EUR	Gesamtpreis EUR
1	1811	Tischlerplatten, 1900 × 1750 × 20	15	71,67	1 075,05

Lernsituation 4 – Übungsaufgaben

Deutsche Bank Aurich
SEPA-Girokonto BAN: DE07283500000067070685 Kontoauszug 33
BIC: BRLADE21ANO Blatt 1
UST-ID DE-758403928

Datum	Erläuterungen		Betrag
	Kontostand in EUR am 22.03.20.., Auszug Nr. 32		228 000,00+
24.03.20..	Überweisung VEREINTE SPANPLATTEN AG RECHNUNGSNUMMER 34900 RECHNUNGSDATUM 15.3.20..	Wert: 24.03.20..	1 075,05-
24.03.20..	Lastschrift BUCHUNGSSTELLE TELEKOM AURICH..	Wert: 24.03.20..	330,00-
	Kontostand in EUR am 24.03.20.., 9:04 Uhr		226 594,95+
	Ihr Dispositionskredit 200 000,00 EUR		

Bürodesign GmbH
Dieselstraße, 26607 Aurich

Belegnummer | **Konto** | **Soll** | **Haben**

Bürodesign GmbH — Dieselstraße 10, 26607 Aurich

Quittung EUR 200,00

EUR in Worten: zweihundert

von: Kiosk Trampmann e.K.

für: Registrierkasse gebraucht Verkaufsboutique

Aurich, 25.03.20.. Betrag dankend in bar erhalten

Buchungsvermerke Stempel/Unterschrift des Empfängers
Bürodesign GmbH
i. V. *Stein*

Belegnummer | **Konto** | **Soll** | **Haben**

Bürodesign GmbH

Grundbuch — Seite 120

Lfd. Nr.	Buchungs-datum	Beleg	Buchungssatz	Soll in €	Haben in €
101					
102					
103					
104					
105					
106					
107					
108					

© Bildungsverlag EINS GmbH

Lernsituation 4 – Übungsaufgaben

Bürodesign GmbH					
Grundbuch					Seite 120
Lfd. Nr.	Buchungs-datum	Beleg	Buchungssatz	Soll in €	Haben in €
109					
110					
Abschluss der Erfolgskonten					
111					
112					
113					
114					
115					
Abschluss des Gewinn- und Verlustkontos					
116					
Abschluss Bestandskonten					
117					
118					
119					
120					
121					
122					

© Bildungsverlag EINS GmbH

Lernsituation 4 – Übungsaufgaben

Bestandskonten

S	0800 Betriebs- und Geschäftsausstattung	H
AB	80 000,00	

S	2880 Kasse	H
AB	3 000,00	

S	2400 Forderungen a. LL.	H
AB	10 000,00	

S	4400 Verbindlichkeiten a. LL.	H
	AB	40 000,00

S	2800 Bank	H
AB	30 000,00	

S	3000 Eigenkapital	H
	AB	83 000,00

Erfolgskonten

S	6200 Löhne	H

S	6820 Postentgelte/Telefon	H

S	6000 Aufwendungen für Rohstoffe	H

S	5000 Umsatzerlöse f. eig. Erzeugnisse	H

S	6050 Aufwendungen für Energie	H

Soll	8020 Gewinn- und Verlustkonto	Haben

© Bildungsverlag EINS GmbH

Soll	8010 Schlussbilanzkonto	Haben

Lern- und Unterrichtscheck

Reflektieren Sie Ihr Lernen und Arbeiten sowie den zurückliegenden Unterricht und tauschen Sie sich anschließend darüber in Ihrer Klasse aus.

Eigener Lernerfolg	trifft zu	trifft überwiegend zu	trifft weniger zu	trifft nicht zu
1. Ich kenne die Arbeitsschritte bei der Erfassung von Belegen.	☐	☐	☐	☐
2. Ich weiß jetzt, wie man Buchungssätze bildet, muss aber noch an Feinheiten arbeiten, um keine Fehler zu machen.	☐	☐	☐	☐
3. Die Unterscheidung zwischen Bestandskonten und Erfolgskonten ist mir klar.	☐	☐	☐	☐
4. Das Buchen in den Konten des Hauptbuchs ist schwierig. Ich bekomme es nicht richtig in den Griff.	☐	☐	☐	☐
Lern- und Arbeitsprozess	trifft zu	trifft überwiegend zu	trifft weniger zu	trifft nicht zu
1. Bei schwierigen Aufgaben gebe ich schnell auf.	☐	☐	☐	☐
2. Wenn ich meine Ergebnisse mit denen meiner Mitschülerinnen und Mitschüler vergleiche, finden wir selbstständig unsere Fehler.	☐	☐	☐	☐
3. Ich übe auch außerhalb des Unterrichts.	☐	☐	☐	☐
4. Wenn ich merke, dass ich etwas nicht verstanden habe, dann versuche ich, dies mithilfe des Schulbuchs selbstständig nachzuarbeiten.	☐	☐	☐	☐

Das nehme ich mir bezüglich meines Arbeits- und Lernverhaltens vor:

_____
_____
_____

Unterricht	trifft zu	trifft nicht zu
1. In der Klasse hatten wir bei der Bearbeitung der Beleggeschäftsgänge ein Lern- und Arbeitsklima, in dem ich konzentriert arbeiten konnte.	☐	☐
2. Was ist Ihrer Meinung nach das Wichtigste, was man im Bereich der Bestandskonten und Erfolgskonten verstehen und können muss?		

Übung 4.6: Das Wesen der Umsatzsteuer

Vervollständigen Sie den Sachtext zur Umsatzsteuer, indem Sie die aufgeführten Begriffe in die Textlücken einsetzen. Schauen Sie sich anschließend in Ihrer Klasse um, wer mit diesem Arbeitsschritt fertig ist und finden Sie sich zu Paaren zusammen. Erklären Sie sich gegenseitig, in eigenen Worten den Inhalt des Sachtextes (ohne in den Text zu schauen).

Herstellung – 19 % – Bemessungsgrundlage – Stufe – Endverbraucher – 7 % – mehr Wert – Einzelhandel – Zahllast – Umsatzsteuersatzes – USt – Umsatzsteuergesetz – keine – Bruttopreisen – gesondert – Rohstoffgewinnung – Vorsteuer – Wertschöpfungsprozesses – 100,00 € – Finanzamt – Aufwand – Verbindlichkeit – Umsatzsteuervoranmeldung – Mehrwert

Viele zum Verkauf angebotenen Waren legen meist einen langen Weg zurück: von der _____ _____ über den Betrieb der _____, die Weiterverarbeitung sowie den Groß- und _____ bis zum Endverbraucher. Auf jeder _____ dieses Warenwegs wird _____ geschaffen. Dieser Mehrwert ergibt sich aus der Wertschöpfung, welche die eingekauften Vorleistungen übersteigt. Die so geschaffenen Mehrwerte einer jeden Stufe des _____ werden vom Staat mit der Umsatzsteuer (Abkürzung _____) besteuert, deren Grundlage das _____ (UStG) ist. Die Umsatzsteuer ist in den _____ enthalten. Die Nettobeträge der Lieferungen oder sonstigen Leistungen beinhalten _____ Umsatzsteuer und sind die _____ für die Errechnung des Mehrwertsteuerbetrags. In seinen Rechnungen muss jedes Unternehmen die Umsatzsteuer _____ ausweisen. Ausnahme: Kleinbetragsrechnungen bis _____. Hier reicht die Angabe des _____. Der allgemeine Umsatzsteuersatz beträgt 19 %, der ermäßigte, z. B. für Lebensmittel und Bücher, _____. Die in den Eingangsrechnungen ausgewiesene Umsatzsteuer nennt man _____. Sie ist eine Forderung an das _____. Die in den Ausgangsrechnungen ausgewiesene Umsatzsteuer ist eine _____ gegenüber dem Finanzamt. Die Umsatzsteuerschuld _____ ist mit einer _____ für den laufenden Monat bis zum 10. des Folgemonats an das Finanzamt abzuführen. Für das Unternehmen ist die Umsatzsteuer kein _____, sondern ein sogenannter „durchlaufender Posten". Sie ist erfolgsneutral. Nur der _____ als Käufer tätigt keinen Verkaufsumsatz mehr und ist vom Gesetzgeber letztendlich als Träger der Umsatzsteuer bestimmt.

© Bildungsverlag EINS GmbH

Übung 4.7: Stufen des Wertschöpfungsprozesses mit Vorsteuerabzug

Vervollständigen Sie die folgende Tabelle und berechnen Sie die Zahllast der jeweiligen Umsatzstufen, die ein Möbelstück vom Rohstofflieferant bis zum Endverbraucher durchläuft.

Wirtschaftsstufen	Ausgangsrechnung in €		Mehrwert in €	Umsatzsteuer in €	Vorsteuer in €	Zahllast in €
I. Rohstofflieferant (Holz)	Nettowarenwert + 19 % USt Rechnungspreis	200,00	200,00			
II. Hersteller des Möbelstückes	Nettowarenwert + 19 % USt Rechnungspreis	440,00				
III. Möbelgroßhandel	Nettowarenwert + 19 % USt Rechnungspreis	610,00				
IV. Einzelhandel	Nettowarenwert + 19 % USt Rechnungspreis	999,00				
V. Endverbraucher	--------------------		Summe 839,50	-------------	--------→	Summe 159,50

Übung 4.8: Umsatzsteuer ermitteln, abführen und buchen

1 Vervollständigen Sie die vorliegenden Rechnungen in den farbig unterlegten Bereichen.

Vereinigte Spanplatten AG
Spanplatten · Umleimer

Vereinigte Spanplatten AG, Ulmenstraße 16, 26135 Oldenburg

Bürodesign GmbH
Dieselstraße 10
26607 Aurich

Ulmenstraße 16
26135 Oldenburg
Tel.: 0441 43785
Fax: 0441 34679
E-Mail: info@vereinigte-spanplatten.de
Internet: www.vereinigte-spanplatten.de

RECHNUNG

Ihre Bestellung vom 10.3.20.. | Lieferdatum 10.3.20.. | Kunden-Nr. 53427 | Rechnungs-Nr. 1520 | Rechnungsdatum ..-03-10

Pos.	Artikel Nr.	Artikelbezeichnung	Menge	Einzelpreis EUR	Gesamtpreis EUR
1	56211	Edelholzplatte 160 x 80 x 4	100	44,50	4.450,00
2	45921	Pressspanplatten 200 x 85	200	15,40	3.080,00
3	56217	Tischplatten 160 x 80 x 3	100	38,20	3.820,00
		Zwischensumme			11.350,00
		– 12 % Rabatt			1.362,00
		Zwischensumme			9.988,00
		+ 19 % Umsatzsteuer			1.897,72
		Gesamtbetrag			**11.885,72**

Zahlung: Innerhalb von 30 Tagen netto

BÜRODESIGN GMBH
Ein ökologisch orientiertes Unternehmen mit Zukunft

BÜRODESIGN GMBH · Dieselstraße 10 · 26607 Aurich

Büromöbel GmbH Europa
Lahnstraße 168
28199 Bremen

E-Mail: kontakt@buerodesign-online.de
Internet: www.buerodesign-online.de
Anschrift: Dieselstraße 10, 26607 Aurich
Telefon: 04941-3494
Telefax: 04941-3495

Rechnung

Kunden-Nr.: 10003
Rechnungs-Nr.: 36900
Rechnungstag: 13.03.20..
Bei Zahlung bitte angeben

Ihr Auftrag vom: 03.03.20..

Artikel-Nr.	Artikelbezeichnung	Menge	Einzelpreis	Rabatt	Gesamtpreis in EUR (brutto)
444/1	Bürostuhl Primus	100	55,20	15 %	5.583,48
523/2	Rollcontainer Primus	80	52,50	20 %	3.998,40
640/1	Büroschrankwand	20	445,00	15 %	9.002,35
					18.584,23
In diesem Betrag sind 19 % Umsatzsteuer = 2.967,23 € enthalten.					

Zahlbar innerhalb 30 Tagen netto

Lernsituation 4 – Übungsaufgaben

2 Vervollständigen Sie die folgende Darstellung. Berücksichtigen Sie, dass die Vereinigte Spanplatten AG für den Auftrag der Bürodesign GmbH bereits 980,00 € Vorsteuer an ihren Lieferanten entrichtet hat.

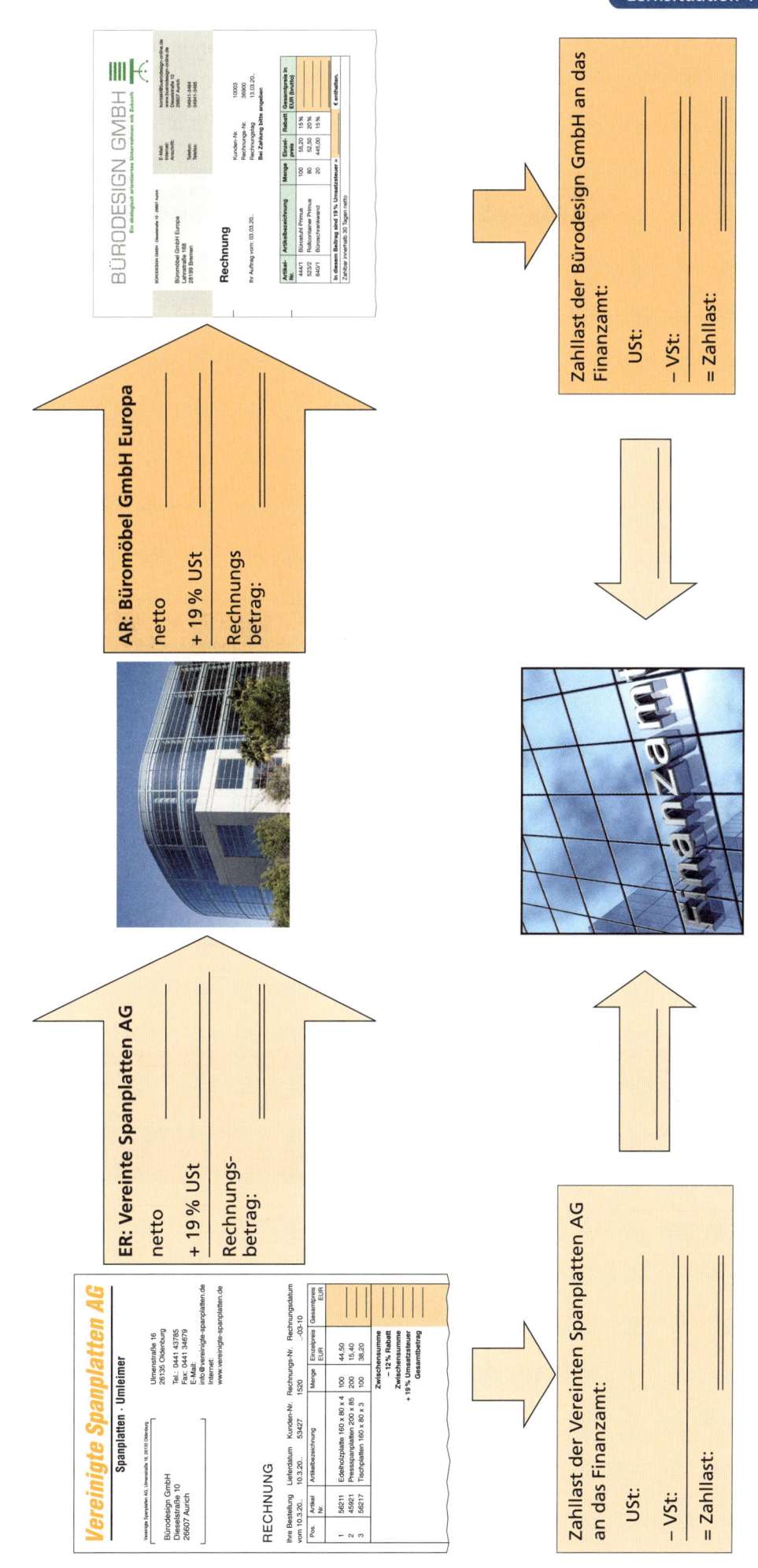

AR: Büromöbel GmbH Europa

netto _____ 10.266,39

+ 19 % USt _____ 1.950,61

Rechnungsbetrag: _____ 12.217,00

ER: Vereinte Spanplatten AG

netto _____ 9.988,00

+ 19 % USt _____ 1.897,72

Rechnungsbetrag: _____ 11.885,72

Zahllast der Bürodesign GmbH an das Finanzamt:

USt: _____ 1.950,61

− VSt: _____ 1.897,72

= Zahllast: _____ 52,89

Zahllast der Vereinten Spanplatten AG an das Finanzamt:

USt: _____ 1.897,72

− VSt: _____ 980,00

= Zahllast: _____ 917,72

Lernsituation 4 – Übungsaufgaben

3 Buchen Sie die Eingangs- und Ausgangsrechnung auf ausgewählten Konten im Grund- und Hauptbuch und ermitteln Sie die Zahllast.

Vorkontierung

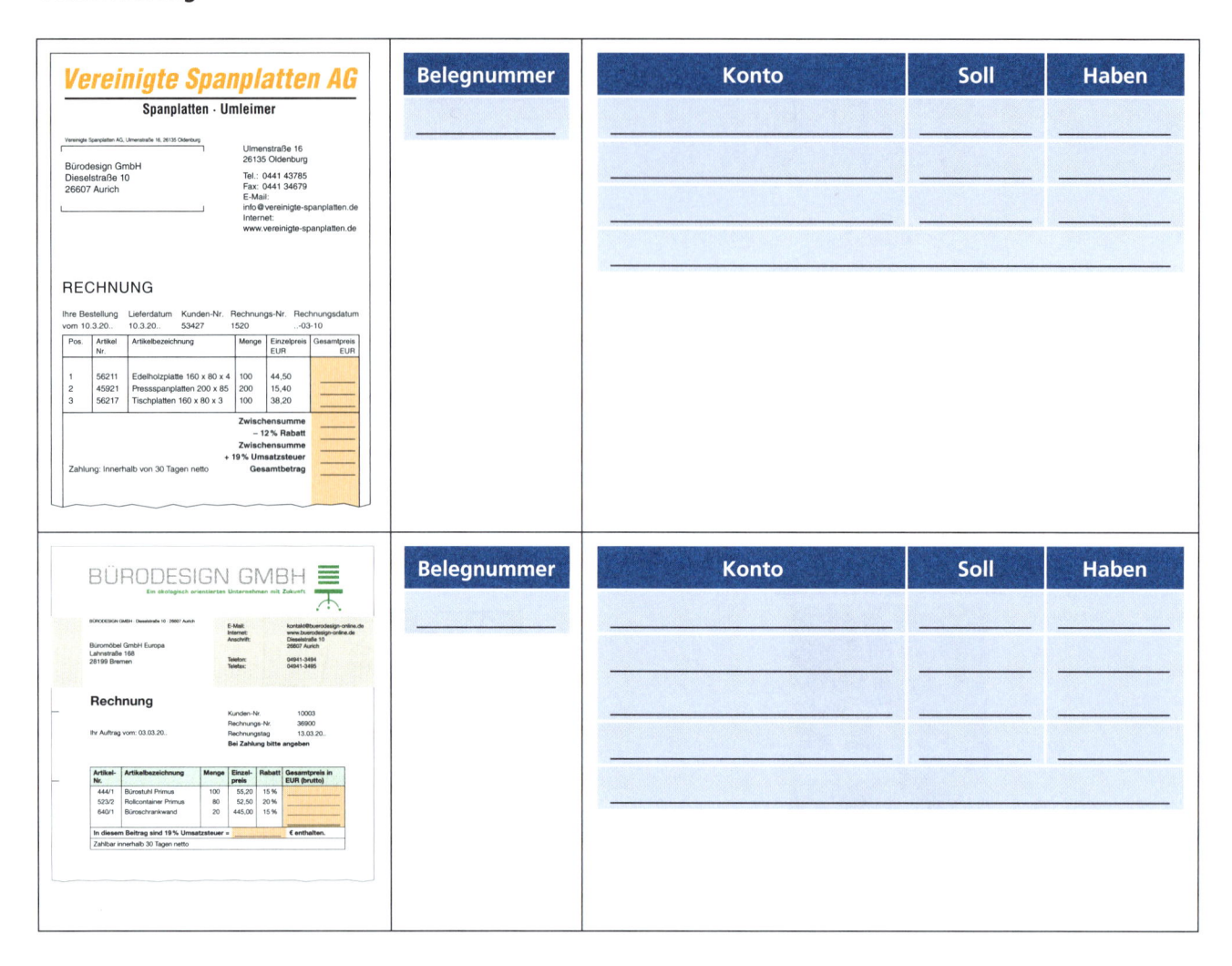

Belegnummer	Konto	Soll	Haben
_____	_____	_____	_____
	_____	_____	_____
	_____	_____	_____
	_____	_____	_____

Belegnummer	Konto	Soll	Haben
_____	_____	_____	_____
	_____	_____	_____
	_____	_____	_____
	_____	_____	_____

Erfassung im Grundbuch

Bürodesign GmbH					
Grundbuch					Seite 199
Lfd. Nr.	Buchungs-datum	Beleg	Buchungssatz	Soll in €	Haben in €
1	_____	ER 332	_____	_____	_____
2	_____	AR 198	_____	_____	_____

© Bildungsverlag EINS GmbH

			Abschlussbuchungen auf den ausgewählten Konten		
3	_____		_____	_____	_____
			_____		
4	_____		_____	_____	_____
			_____		
5	_____	–	_____	_____	_____
			_____		
6	_____	–	_____	_____	_____
			_____		

Im Hauptbuch auf ausgewählten Konten buchen und die Zahllast ermitteln

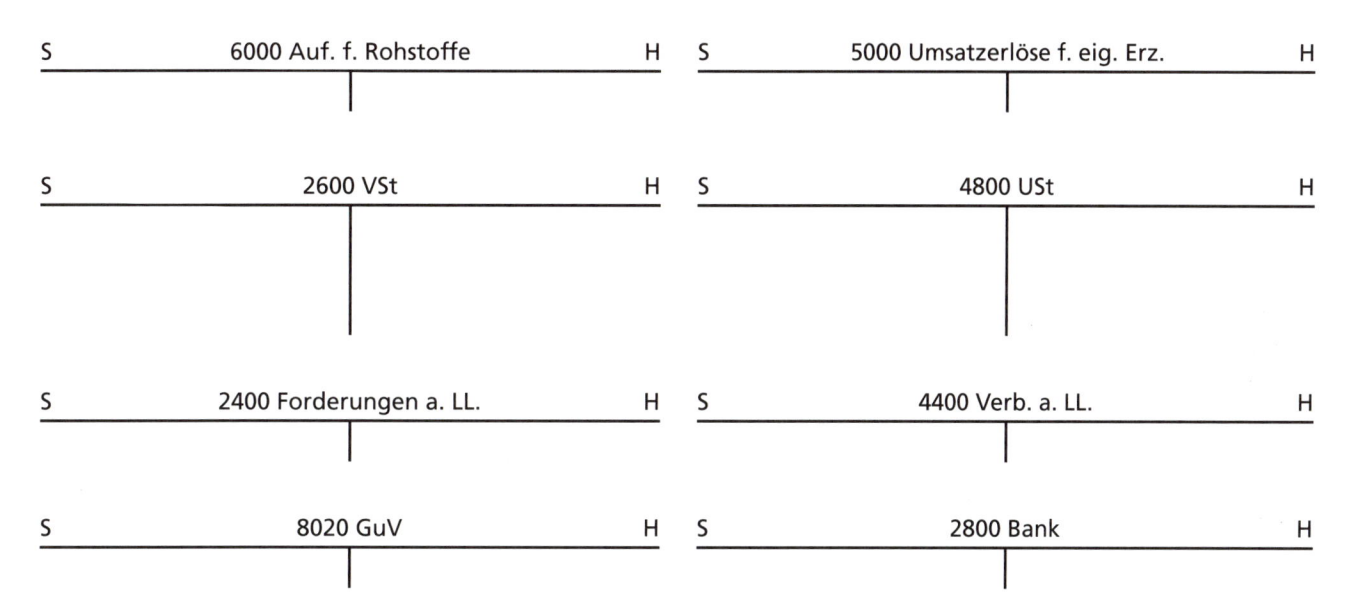

S   6000 Auf. f. Rohstoffe   H   S   5000 Umsatzerlöse f. eig. Erz.   H

S   2600 VSt   H   S   4800 USt   H

S   2400 Forderungen a. LL.   H   S   4400 Verb. a. LL.   H

S   8020 GuV   H   S   2800 Bank   H

Übung 4.9: Materialbestandsveränderungen berechnen und buchen

Die Bürodesign GmbH erfasst die Werkstoffeinkäufe in ihrer Buchhaltung verbrauchs- bzw. fertigungssynchron. Folgende Konten sind zu beachten:

		Soll	Haben
2000	Rohstoffe	300 000,00	
2020	Hilfsstoffe	40 000,00	
4400	Verbindlichkeiten a. LL.	260 000,00	320 000,00
6000	Aufwendungen für Rohstoffe		
6020	Aufwendungen für Hilfsstoffe		
8010	Schlussbilanzkonto		
8020	Gewinn- und Verlustkonto		

© Bildungsverlag EINS GmbH

Lernsituation 4 – Übungsaufgaben

1. Eingangsrechnung (ER) für   Rohstoffe   90 000,00
                                Hilfsstoffe   25 000,00

2. Schlussbestände laut Inventur   Rohstoffe   100 000,00
                                   Hilfsstoffe   45 000,00

1) Berechnen Sie, wie hoch der jeweilige Verbrauch an Roh- und Hilfsstoffen war und kreuzen Sie an, ob es sich jeweils um eine Materialbestandsmehrung oder Materialbestandsminderung handelt.

Rohstoffe:

☐ Materialbestandsmehrung

☐ Materialbestandsminderung

Hilfsstoffe:

☐ Materialbestandsmehrung

☐ Materialbestandsminderung

2) Erläutern Sie die Auswirkungen der Bestandsveränderung bei den Roh- und Hilfsstoffen für das GuV-Konto.

Rohstoffe	Hilfsstoffe

3) Buchen Sie die Geschäftsfälle auf den folgenden Konten und schließen Sie diese über das Gewinn- und Verlustkonto sowie das Schlussbilanzkonto ab.

S	2000 Rohstoffe	H

S	2020 Hilfsstoffe	H

S	4400 Verbindlichkeiten a. LL.	H

S	6000 Aufw. für Rohstoffe	H

S	6020 Aufw. für Hilfsstoffe	H

Soll	8020 Gewinn- und Verlustkonto	Haben

Soll	8010 Schlussbilanzkonto	Haben

Lernsituation 5: Sie bewerten abnutzbares Anlagevermögen, berechnen Abschreibungsbeträge und buchen diese

Die Bürodesign GmbH steckt mitten in den Vorbereitungen zum Jahresabschluss. Silvia Land geht dazu die Neuanschaffungen des Anlagevermögens im zurückliegenden Geschäftsjahr durch. Dabei lassen sie zwei Rechnungen stutzig werden. Angeschafft wurden ein Kleintransporter zur Warenauslieferung und ein Lagerregalsystem. In beiden Fällen sucht sie die entsprechende Anlagendatei, kann diese aber nicht finden. Deshalb wendet sie sich an Frau König.

Silvia: „Guten Tag Frau König, ich habe hier die Rechnungen für unseren neuen Kleintransporter und das neue Lagerregalsystem, kann aber die dazugehörige Anlagendatei nicht finden."

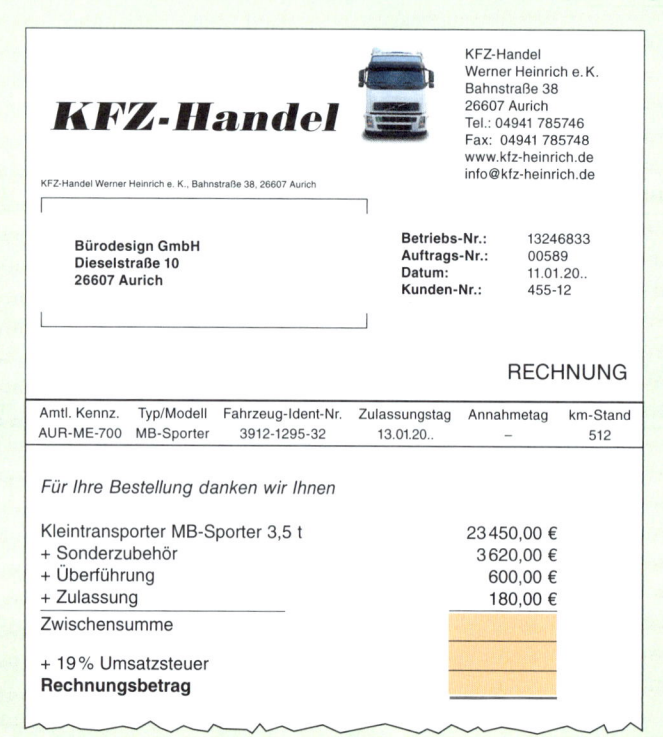

KFZ-Handel
KFZ-Handel Werner Heinrich e. K.
Bahnstraße 38
26607 Aurich
Tel.: 04941 785746
Fax: 04941 785748
www.kfz-heinrich.de
info@kfz-heinrich.de

KFZ-Handel Werner Heinrich e. K., Bahnstraße 38, 26607 Aurich

Bürodesign GmbH
Dieselstraße 10
26607 Aurich

Betriebs-Nr.: 13246833
Auftrags-Nr.: 00589
Datum: 11.01.20..
Kunden-Nr.: 455-12

RECHNUNG

Amtl. Kennz.	Typ/Modell	Fahrzeug-Ident-Nr.	Zulassungstag	Annahmetag	km-Stand
AUR-ME-700	MB-Sporter	3912-1295-32	13.01.20..	–	512

Für Ihre Bestellung danken wir Ihnen

Kleintransporter MB-Sporter 3,5 t	23 450,00 €
+ Sonderzubehör	3 620,00 €
+ Überführung	600,00 €
+ Zulassung	180,00 €
Zwischensumme	
+ 19 % Umsatzsteuer	
Rechnungsbetrag	

Adelmann KG
Großhandel für Geschäftseinrichtungen
Düsseldorf

Adelmann KG, Bilker Allee 14–16, 40591 Düsseldorf

Bürodesign GmbH
Dieselstraße 10
26607 Aurich

Bilker Allee 14–16
40591 Düsseldorf
Telefon: 0211/17 90 490

Kontoverbindungen:
Sparkasse Düsseldorf
IBAN: DE45 3709 2956 0532 9230 00

Rechnung (Rechnungsnummer: 100567)   Datum 09. Januar 20..

Artikel-Nr.	Artikelbezeichnung	Menge	Preis je Einheit €	Betrag €
50–130	Adelmann Lagerregalsystem	1	3900,00	3900,00
			Warenwert netto	3900,00
			+ 19% USt.	741,00
			Rechnungsbetrag	**4641,00**

Lieferung frei Haus
Adelmann KG, Großhandel für Büroeinrichtungen, Düsseldorf
Amtgericht Düsseldorf HRA 1986
Geschäftsführung: Torsten Adelmann
USt-IdNr.: DE124457888
Steuernummer: 341/22796

Vielen Dank für Ihren Auftrag
Zahlung netto, ohne Abzüge

Bitte bei Zahlung und Schriftwechsel stets die Rechnungsnummer angeben.

Frau König: „Gut, dass Sie mich daran erinnern. Die jeweilige Anlagendatei müssen wir noch erstellen. Würden Sie das bitte übernehmen? Berechnen Sie bitte auch gleich die entsprechenden Abschreibungsbeträge und buchen Sie den gesamten Vorgang auf den entsprechenden Konten. Zur Übung buchen Sie den Vorgang auch gleich bis zum Gewinn- und Verlustkonto."
„Was ich wieder alles machen soll", denkt sich Silvia ein wenig mürrisch und macht sich an die Arbeit.

Analyse des Einstiegsszenarios

Bitte ergänzen Sie zunächst die fehlenden Beträge in der Eingangsrechnung des Kleintransporters und bestimmen Sie die Anschaffungskosten. Begründen Sie anschließend, warum sowohl der Kleintransporter als auch das Lagerregalsystem nicht zu den Anschaffungskosten in die Bilanz aufgenommen werden können, sondern Silvia vorher die entsprechenden „Abschreibungsbeträge" zu berechnen hat.

Analysieren Sie, wie sich die Abnutzung von Anlagegütern wohl auf den Erfolg des der Bürodesign GmbH auswirkt.

Planen und Durchführen

Werten Sie die folgenden Informationen aus und erstellen Sie die jeweiligen Anlagendateien. Berechnen Sie darin die Abschreibung für das zurückliegende Geschäftsjahr.

> **§ 253 Abs. 3 HGB**
> (2) Bei Vermögensgegenständen des Anlagevermögens, deren Nutzung zeitlich begrenzt ist, sind die Anschaffungs- oder Herstellungskosten um planmäßige Abschreibungen zu vermindern. Der Plan muss die Anschaffungs- oder Herstellungskosten auf die Geschäftsjahre verteilen, in denen der Vermögensgegenstand voraussichtlich genutzt werden kann …
>
> **§ 255 HGB**
> (1) Anschaffungskosten sind die Aufwendungen, die geleistet werden, um einen Vermögensgegenstand zu erwerben und ihn in einen betriebsbereiten Zustand zu versetzen, soweit sie dem Vermögensgegenstand einzeln zugeordnet werden können. Zu den Anschaffungskosten gehören auch die Nebenkosten sowie die nachträglichen Anschaffungskosten. Anschaffungspreisminderungen sind abzusetzen.

Anlagendatei			Bürodesign GmbH	
Gegenstand: Kleintransporter MB-Sporter 3,5 t				
Fabrikat: MB			**Lieferer:** KFZ-Handel Heinrichs, Aurich	
Nutzungsdauer: sechs Jahre			**Anschaffungskosten:** _____	
Konto: _____			**AfA-Satz:** 16,66 % **AfA-Methode:** linear	
Datum	Vorgang	Zugang in €	Abschreibung in €	Bestand in €
08.01.20..	ER 0012	_____	_____	_____

Lernsituation 5

Anlagendatei			Bürodesign GmbH	
Gegenstand: Lagerregalsystem				
Fabrikat: Adelmann			Lieferer: Adelmann, Düsseldorf	
Nutzungsdauer: zehn Jahre			Anschaffungskosten: _____	
Konto: _____			AfA-Satz: 10,00 % AfA-Methode: linear	
Datum	Vorgang	Zugang in €	Abschreibung in €	Bestand in €
_____	ER 0013	_____		
_____	_____		_____	_____

Buchen Sie die Abschreibungen im Grundbuch und auf den betreffenden Konten im Hauptbuch

Information:

> Abschreibungen auf das abnutzbare Anlagevermögen sind Aufwendungen, die im Soll des Aufwandskontos „Abschreibungen auf Sachanlagen" und im Haben des entsprechenden Anlagekontos als Minderung des Anlagevermögens gebucht werden. Das Konto „Abschreibungen auf Sachanlagen" wird über das GuV-Konto abgeschlossen.

Erfassung im Grundbuch

Bürodesign GmbH				
Grundbuch				Seite 326
Lfd. Nr.	Buchungsdatum	Buchungssatz	Soll in €	Haben in €
201	31.12.20..	_____ an _____	_____	_____
202	31.12.20..	_____ an _____	_____	_____
Abschlussbuchungen				
203	_____	_____ an _____	_____	_____
204	_____	_____ an _____	_____	_____
205	_____	_____ an _____	_____	_____

S	0840 Fuhrpark	H	S	0870 Sonstige Geschäftsausstattung	H
Verb.	27 850,00		Verb.	3 900,00	

S	6520 Abschreibungen auf Sachanlagen	H

S	8020 GUV	H		8010 SBK	H

Bewerten und reflektieren

Gleichen Sie ihre Ergebnisse mit einem anderen Paar ab. Versuchen Sie die Ursachen für eventuelle Abweichungen zunächst in der so entstandenen Gruppe zu klären.

Lernergebnisse sichern und vertiefen

Schreiben Sie sich zu dem Thema „**Abschreibungen berechnen und buchen**" einen Merkzettel. Schreiben Sie in ganzen Sätzen und bauen Sie dazu die nachfolgenden Begriffe und Satzteile in Ihren Merkzettel ein.

- Wertminderung
- Abschreibungsplan
- Anlagendatei
- Anschaffungskosten
- Betriebsgewöhnliche Nutzungsdauer
- Lineare Abschreibung
- Aufwandskonto Abschreibungen auf Sachanlagen
- Gewinn und Verlustkonto

Merkzettel

Übung 5.1: Die Bedeutung der Abschreibung für Neu- und Ersatzinvestitionen

Fügen Sie die Begriffe an der richtigen Stelle des Schaubildes ein.

Anlagegüter – Verkaufserlöse – Wertminderung – neue – liquide Mittel – Neu- oder Ersatzinvestition – Abschreibungen – Kalkulation – verringern – Nutzung – Aufwand – Handlungskosten

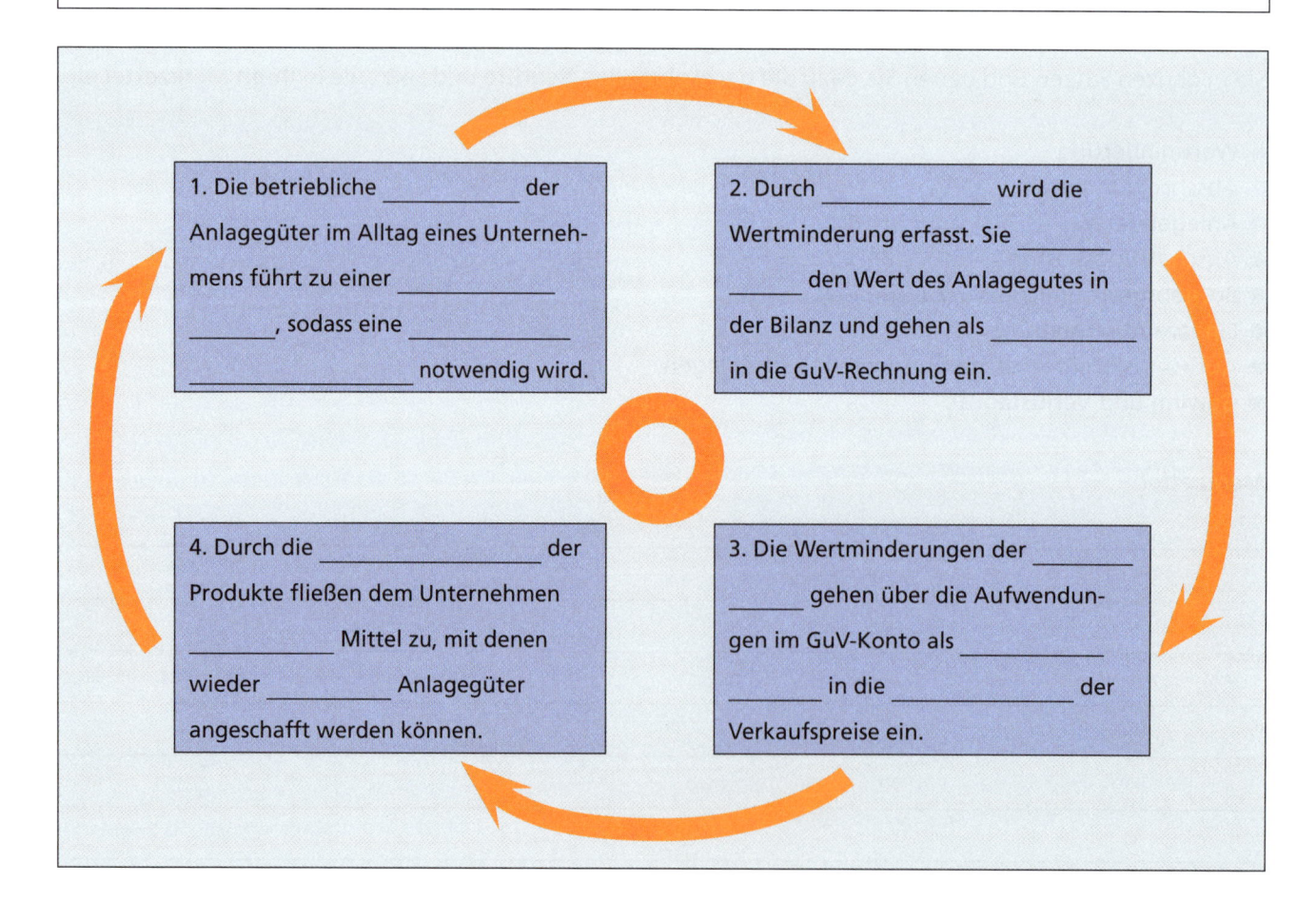

1. Die betriebliche _____ der Anlagegüter im Alltag eines Unternehmens führt zu einer _____ _____, sodass eine _____ _____ notwendig wird.

2. Durch _____ wird die Wertminderung erfasst. Sie _____ _____ den Wert des Anlagegutes in der Bilanz und gehen als _____ in die GuV-Rechnung ein.

3. Die Wertminderungen der _____ _____ gehen über die Aufwendungen im GuV-Konto als _____ _____ in die _____ der Verkaufspreise ein.

4. Durch die _____ der Produkte fließen dem Unternehmen _____ Mittel zu, mit denen wieder _____ Anlagegüter angeschafft werden können.

Übung 5.2: Den Wert eines Anlagegutes zum Jahresende bei Anwendung der linearen Abschreibung bestimmen

Berechnen Sie bitte die Abschreibungsbeträge der ausgewählten Anlagegüter der Bürodesign GmbH für die betreffenden Jahre und ermitteln Sie den Wert des Anlagegutes zum 31.12.20.(0).[1]

Anlagegut	Datum der Anschaffung	Nutzungs-dauer/ Jahre	Anschaf-fungs-kosten €	AfA € 20.(–2)	Bestand € 31.12.20.(–2)	AfA € 20.(–1)	Bestand € 31.12.20.(–1)	AfA € 20.(0)	Bestand € 31.12.20.(0)
Schreibtisch	03.01.20.(-2)	13	1 950,00	150,00	1 800,00	150,00	1 650,00	150,00	1 500,00
Notebook	06.01.20.(-1)	3	960,00			320,00	640,00	320,00	320,00
Registrierkasse	10.01.20.(-2)	6	1 800,00	300,00	1 500,00	300,00	1 200,00	300,00	900,00
Firmen PKW	09.01.20.(-2)	6	33 600,00	5 600,00	28 000,00	5 600,00	22 400,00	5 600,00	16 800,00
Waage	12.01.20.(-1)	11	198,00			18,00	180,00	18,00	162,00
Verkaufstheke	21.01.20.(0)	10	3 400,00					340,00	3 060,00
Kehrmaschine	30.01.20.(-1)	9	5 490,00			610,00	4 880,00	610,00	4 270,00
Tresor	10.01.20.(-2)	23	2 875,00	125,00	2 750,00	125,00	2 625,00	125,00	2 500,00
Büroschrank	19.07.20.(0)	13	1 690,00					65,00	1 625,00
Hubwagen	12.05.20.(-2)	8	600,00	50,00	550,00	75,00	475,00	75,00	400,00
Aktenvernichter	13.01.20.(-1)	7	630,00			90,00	540,00	90,00	450,00
Lagerregale	17.10.20.(-2)	10	9 560,00	239,00	9 321,00	956,00	8 365,00	956,00	7 409,00
Server	23.06.20.(0)	3	4 590,00					892,50	3 697,50
Verkaufsregale	12.01.20.(-3)	10	3 550,00	355,00	2 840,00	355,00	2 485,00	355,00	2 130,00
Packmaschine	14.03.20.(-1)	7	1 820,00			216,67	1 603,33	260,00	1 343,33
Kopierer	07.01.20.(-4)	7	3 850,00	550,00	2 200,00	550,00	1 650,00	550,00	1 100,00

Übung 5.3: Abschreibungen bei geringwertigen Wirtschaftsgütern

Bitte geben Sie eine begründete Empfehlung ab, wie die folgenden Anlagegüter abzuschreiben sind

Fall 1
Ein Industriebetrieb hat ein Telefon für netto 140,00 € erstanden, die betriebsgewöhnliche Nutzungsdauer ist mit 5 Jahren angesetzt. Für das laufende Geschäftsjahr werden hohe Gewinne erwartet. Die Unternehmensleitung ist daran interessiert, die Steuern auf die erwirtschafteten Gewinne möglichst zu reduzieren.

Abschreibungsbetrag:	Begründung des gewählten Abschreibungsverfahrens:

---

[1] 20.(0) ist das aktuelle Geschäftsjahr, 20.(-1) bezieht sich auf das Geschäftsjahr vor einem Jahr, 20.(-2) bezieht sich auf das Geschäftsjahres vor zwei Jahren usw.

Lernsituation 5 – Übungsaufgaben

Fall 2
Ein Industriebetrieb hat einen neuen Drucker für einen Bürocomputer für netto 400,00 € angeschafft, die betriebsgewöhnliche Nutzungsdauer ist mit 5 Jahren angesetzt.

Abschreibungsbetrag:	Begründung des gewählten Abschreibungsverfahrens:

Fall 3
In einem Industriebetrieb wurde ein neues Regal im Wert von 550,00 €, netto angeschafft. Die betriebsgewöhnliche Nutzungsdauer ist mit 12 Jahren angesetzt. Mit welchem Betrag ist die Abschreibung anzusetzen, wenn die Unternehmensleitung

a) eine möglichst hohe Abschreibung anstrebt,
b) eine möglichst niedrige Abschreibung anstrebt?

a) Abschreibungsbetrag:	a) Begründung des gewählten Abschreibungsverfahrens:

b) Abschreibungsbetrag:	b) Begründung des gewählten Abschreibungsverfahrens:

© Bildungsverlag EINS GmbH

Übung 5.4: Die zentralen Bilanzkennzahlen erläutern

Erstellen Sie sich eine Lernübersicht.

Erarbeiten Sie sich mithilfe des Schulbuchs die Formeln zu den jeweiligen Bilanzkennziffern und erläutern Sie deren Bedeutung in eigenen Worten.

Anlagevermögenintensität	Umlaufvermögenintensität
$$\frac{Anlagevermögen \cdot 100}{Gesamtvermögen}$$	
Bedeutung: *Beschreibt, wie viel Prozent des Gesamtvermögens dem Anlagevermögen zugerechnet werden können.*	Bedeutung: _____

Eigenkapitalintensität (Eigenkapitalquote)	Fremdkapitalintensität (Fremdkapitalquote)
Bedeutung: _____	Bedeutung: _____

Finanzierung (Fremdkapitaldeckung)	Verschuldungskoeffizient
Bedeutung: _____	Bedeutung: _____

Anlagendeckung I	Anlagendeckung II
Bedeutung: _____	Bedeutung: _____

Liquidität 1. Grades	Liquidität 2. Grades
Bedeutung: _____	Bedeutung: _____

© Bildungsverlag EINS GmbH

Lernsituation 6: Sie bereiten die Bilanz der Bürodesign GmbH statisch auf und werten sie mithilfe von Kennzahlen aus

Die Bürodesign GmbH hat einen Kredit über 200 000,00 € zur Finanzierung eines Erweiterungsbaus bei der Deutschen Bank beantragt. Auf Verlangen der Kreditsachbearbeiterin hat Herr Stein dem Kreditantrag die Bilanzen der beiden letzten Geschäftsjahre beigefügt. Zur Vorbereitung auf das Kreditgespräch bei der Bank lässt Herr Stein die Zahlen der beiden Bilanzen von Frau König, der Leiterin des Rechnungswesens, auswerten.

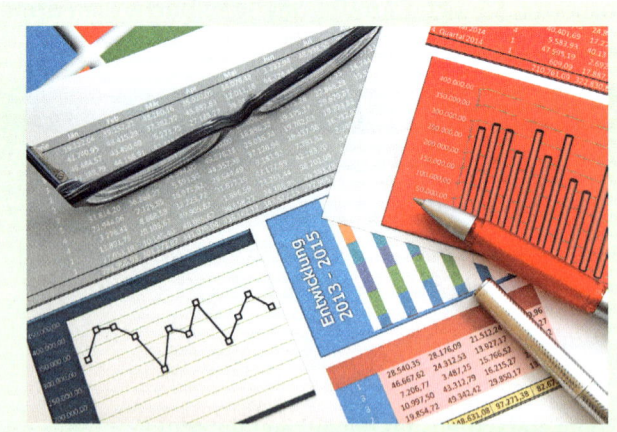

Frau König hat die Bilanzen[1] der Bürodesign GmbH der vergangenen zwei Geschäftsjahre gegenübergestellt. Aus den bereits teilweise aufbereiteten Bilanzen ergeben sich die folgenden Informationen:

Aktiva	Berichts-Jahr €	Vorjahr €	Passiva	Berichts-Jahr €	Vorjahr €
Grundstücke	870 000,00	710 000,00	Eigenkapital	1 910 000,00	1 290 000,00
Gebäude	790 000,00	670 000,00	Langfristige Verbindlichkeiten	1 640 000,00	1 260 000,00
Fuhrpark	120 000,00	90 000,00	Kurzfristige Verbindlichkeiten	450 000,00	1 050 000,00
Geschäftsausstattung	140 000,00	150 000,00			
Vorräte	1 200 000,00	1 550 000,00			
Forderungen	600 000,00	310 000,00			
Liquide Mittel	280 000,00	120 000,00			
	4 000 000,00	3 600 000,00		4 000 000,00	3 600 000,00

Analyse des Einstiegsszenarios

Erklären Sie bitte das besondere Interesse der Kreditsachbearbeiterin für das Anlagevermögen und die Schulden der Bürodesign GmbH.

---

[1] Werte der Bilanz sind im Vergleich zu den Werten im Schulbuch aus didaktischen Gründen abgeändert.

Bitte erläutern Sie die Gründe, weshalb die Kreditsachbearbeiterin die Vorlage der Bilanzen der letzten beiden Jahre verlangt.

_____

_____

Planen

a) Zur weiteren Vorbereitung auf den anstehenden Banktermin werden die Bilanzen von Frau König zunächst zwecks einer besseren Übersicht statisch aufbereitet. Dazu steht das folgende Schema zur Verfügung:

Vermögensstruktur	Berichts-jahr €	Berichts-jahr %	Vorjahr €	Vorjahr %	Veränderung €	Veränderung %
A. Anlagevermögen						
I. Sachanlagen	_____	_____	_____	_____	_____	_____
Summe Anlagevermögen	_____	_____	_____	_____	_____	_____
B. Umlaufvermögen						
I. Vorräte	_____	_____	_____	_____	_____	_____
II. Forderungen	_____	_____	_____	_____	_____	_____
III. liquide Mittel	_____	_____	_____	_____	_____	_____
Summe Umlaufvermögen	_____	_____	_____	_____	_____	_____
Summe Vermögen	_____	_____	_____	_____	_____	_____

Kapitalstruktur	Berichts-jahr €	Berichts-jahr %	Vorjahr €	Vorjahr %	Veränderung €	Veränderung %
I. Eigenkapital	_____	_____	_____	_____	_____	_____
II. langfr. Schulden	_____	_____	_____	_____	_____	_____
Summe langfr. Kapital	_____	_____	_____	_____	_____	_____
III. kurzfr. Schulden	_____	_____	_____	_____	_____	_____
Summe Schulden	_____	_____	_____	_____	_____	_____
Summe Kapital	_____	_____	_____	_____	_____	_____

b) In einem nächsten Schritt berechnet Frau König die Bilanzkennziffern.

	Kennzahl	Berichtsjahr	Vorjahr
Vermögensstruktur	Anlagevermögensintensität		
	Umlaufvermögensintensität		

© Bildungsverlag EINS GmbH

Lernsituation 6

Kapitalaufbau	Eigenkapitalintensität			
	Fremdkapitalintensität			
	Finanzierung			
	Verschuldungskoeffizient			
Kapitalanlage	Anlagendeckung I			
	Anlagendeckung II			
Liquidität	Liquidität 1. Grades			
	Liquidität 2. Grades			

Überprüfen und bewerten I

Vergleichen und überprüfen Sie Ihre bisherigen Ergebnisse mit Ihrer Sitznachbarin/Ihrem Sitznachbarn. Klären Sie eventuelle Fragen mit Ihrer Lehrerin/Ihrem Lehrer.

Durchführen

Analysieren Sie bitte die Entwicklung der Bürodesign GmbH in den vergangenen zwei Geschäftsjahren nach den folgenden Kriterien. Beziehen Sie sich dabei auf die aufbereiteten Bilanzen sowie die Bilanzkennziffern.

Auswertung:

Vermögensstruktur:

_____

_____

_____

_____

© Bildungsverlag EINS GmbH

Lernsituation 6

Kapitalaufbau:

_____
_____
_____
_____
_____
_____
_____
_____
_____
_____
_____
_____

Kapitalanlage:

_____
_____
_____
_____

Liquidität:

_____
_____
_____

Geben Sie eine begründete Empfehlung ab, ob der beantragte Kredit nach der Auswertung der Bilanzen von der Bank bewilligt werden sollte.

_____
_____
_____

Überprüfen und bewerten II

Gehen Sie, bevor Sie Ihre Ergebnisse in der Klasse besprechen, mit einer Sitznachbarin/einem Sitznachbarn zusammen und vergleichen Sie Ihre Auswertungen.

Lernergebnisse sichern und vertiefen

Ergänzen Sie nach dem Abgleich in der Klasse gewissenhaft Ihre eigenen Aufzeichnungen und bearbeiten Sie wenigstens eine weitere Aufgabe zu diesem Thema aus Ihrem Lehrbuch.

© Bildungsverlag EINS GmbH

Lernsituation 7: Sie werten das Konto „Gewinn und Verlust" zur Kontrolle der Wirtschaftlichkeit aus und leiten erste Maßnahmen zur Verbesserung der Unternehmenssituation ab

Krisenstimmung in der Bürodesign GmbH. Die Geschäftsführung, vertreten durch Herrn Stein, hat zu einer außerordentlichen Personalversammlung in die Kantine des Unternehmens geladen. Bereits im Vorfeld ist durchgesickert, dass die Geschäftszahlen des vergangenen Jahres offenbar nicht die Erwartungen erfüllt haben. Nach einer kurzen Ansprache kommt Herr Stein auch sogleich zur Sache und präsentiert die aufbereiteten Zahlen der Gewinn- und Verlustrechnung:

„… so hat unser Unternehmen also bei weitem seine Ziele verfehlt. Als Unternehmensleitung müssen wir hierauf reagieren, um diesen Trend zu stoppen. Dabei haben wir ein Interesse, unser bisher ausgezeichnetes Betriebsklima zu erhalten und alle Arbeitsplätze im Unternehmen zu sichern. Dennoch werden wir einiges verändern müssen. Um nun nichts übers Knie zu brechen, wollen wir Sie alle an diesem Prozess beteiligen. Suchen Sie deshalb im Rahmen Ihrer anstehenden Teamsitzungen in Ihren Abteilungen gemeinsam nach Lösungen. Über Ihre Abteilungsleiter sammeln wir Ihre Vorschläge, die wir in der Geschäftsleitung gewissenhaft prüfen …"

Aufbereitete Zahlen der Gewinn- und Verlustrechnung:

Aufwendungen und Erträge	Nach Geschäftsjahren in T-€			
	Jahr 1	%	Jahr 2	%
Aufwendungen für Roh-, Hilfs- und Betriebsstoffe	7 350	54,65	7 880	56,74
Personalaufwendungen	3 870	28,78	4 000	28,80
Aufwendungen für Räume	401	2,98	444	3,20
Aufwendungen für Kfz	80	0,59	120	0,86
Werbung	620	4,61	330	2,38
Steuern und Versicherungen	64	0,48	75	0,54
Zinsaufwendungen	243	1,81	220	1,58
Sonstige Aufwendungen (Büromaterial, Instandhaltung, usw.)	820	6,10	820	5,90
SUMME:	_____	100,00	_____	100,00
Umsatzerlöse	14 270		13 700	

Beschreibung und Analyse der Situation

Arbeiten Sie in Gruppen. Diese repräsentieren jeweils eine Abteilung der Bürodesign GmbH und analysieren die vorgelegten Zahlen. Berechnen Sie in der oben dargestellten Tabelle die Anteile der jeweiligen Aufwendungen an den Gesamtaufwendungen (auf zwei Stellen nach dem Komma runden). Ermitteln Sie den Umsatz, die Summe aller Aufwendungen sowie den Gewinn und die Wirtschaftlichkeit und stellen Sie diese Werte in der unten aufgeführten Tabelle dar (auf zwei Stellen nach dem Komma runden).

© Bildungsverlag EINS GmbH

	Geschäftsjahre	
	Jahr 1	Jahr 2
Umsatz in T-€		
Summe aller Aufwendungen		
Gewinn in T-€		
Wirtschaftlichkeit in % (Umsatz Summe aller Aufw.)		

Beraten und analysieren Sie in Ihrer Gruppe die Ihnen vorliegenden Ergebnisse und listen Sie in Stichworten auf, welche ersten Erkenntnisse Sie daraus ziehen.

_____
_____
_____
_____
_____
_____
_____
_____

Planen und Durchführen

Verständigen Sie sich in Ihrer Gruppe auf Maßnahmen, die zur Verbesserung der Unternehmenssituation beitragen. Benennen und erläutern Sie Ihre Ideen.

_____
_____
_____
_____
_____
_____
_____
_____
_____
_____
_____
_____

Geben Sie eine Prognose ab und stellen Sie dar, welche Planzahlen Sie auf Basis Ihrer geplanten Maßnahmen im kommenden Geschäftsjahr anstreben.

© Bildungsverlag EINS GmbH

Lernsituation 7

Angestrebte Aufwendungen und Erträge			Angestrebte Kennzahlen	
	Betrag in T-€	%		
Aufwendungen für Roh-, Hilfs- und Betriebsstoffe	_____	_____	Umsatz in T-€	_____
Personalaufwendungen	_____	_____		
Aufwendungen für Räume	_____	_____		
Aufwendungen für Kfz	_____	_____	Summe aller Aufwendungen	_____
Werbung	_____	_____		
Steuern und Versicherungen	_____	_____	Gewinn in T-€	_____
Zinsaufwendungen	_____	_____		
Sonstige Aufwendungen (Büromaterial, Instandhaltung, usw.)	_____	_____		
SUMME:	_____	_____	Wirtschaftlichkeit in %	_____

Stellen Sie die Struktur der neuen Planzahlen in einem Kreisdiagramm dar.

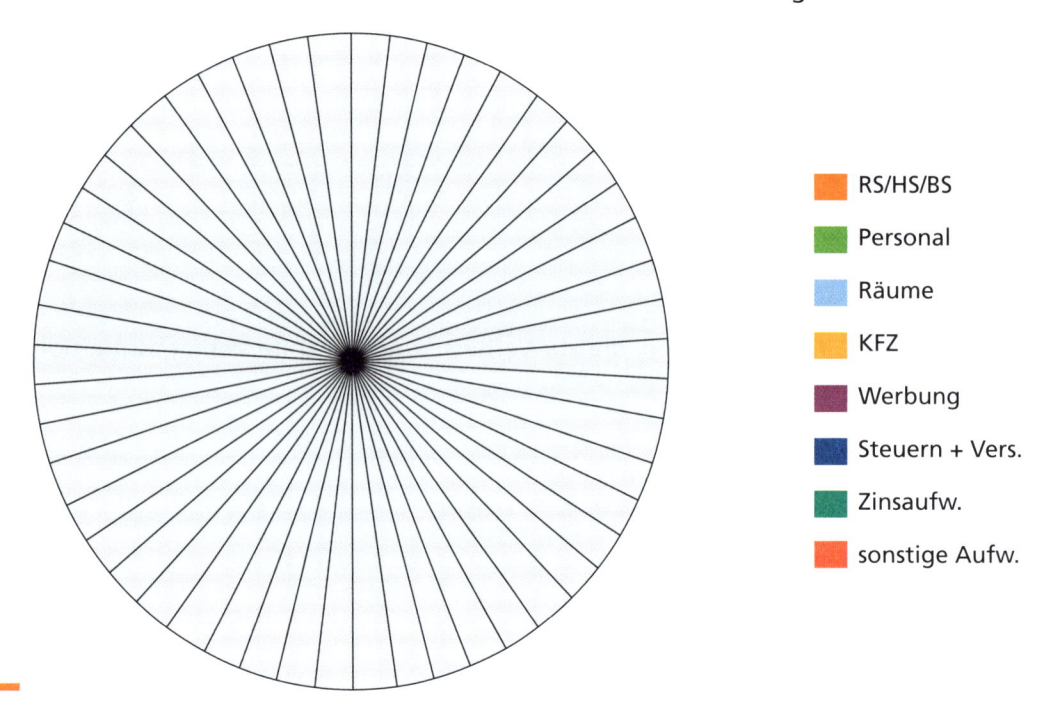

Legende:
- RS/HS/BS
- Personal
- Räume
- KFZ
- Werbung
- Steuern + Vers.
- Zinsaufw.
- sonstige Aufw.

Bewerten

Simulieren Sie in Ihrer Klasse die Abteilungsleiterrunde, in welcher jeder Teamvertreter seine Maßnahmen zur Verbesserung der Unternehmenssituation darstellt. Eine Mitschülerin oder ein Mitschüler übernimmt dabei die Rolle der Geschäftsführung und leitet die Abteilungsleiterrunde. Die Beobachter dokumentieren die vereinbarten Maßnahmen auf Karteikarten.

© Bildungsverlag EINS GmbH

Lernergebnisse sichern

Werten Sie die Simulation aus und ergänzen Sie die Maßnahmen aus der Abteilungsleiterrunde, die Sie in Ihrer Gruppe bisher noch nicht erörtert und dokumentiert haben.

_____
_____
_____
_____

Lernsituation 8: Sie verarbeiten Informationen zur Steuerung von Beschaffungsprozessen und informieren sich über wirtschaftliche Zahlen eines Unternehmens mithilfe eines ERP-Systems

Bei der Bürodesign GmbH führt Frau Schorn wie immer ihre tägliche Disposition durch. Dabei stellt sie fest, dass vom Polsterstoff Samt bordeaux, Material-Nr. R27PS480, nur noch 30 Meter am Lager sind. Er muss dringend bestellt werden. Der Höchstbestand liegt bei 250 Metern. Aufgrund der aktuellen Nachfrage legt sie eine Bestellmenge von 250 Metern fest. Der Stammlieferant für den Stoff ist die Hankel & Cie GmbH aus Düsseldorf. Mit ihm hat Frau Schorn gerade einen neuen Einstandspreis in Höhe von 25,84 €/Meter für alle zukünftigen Bestellungen ausgehandelt. Die Artikelnummer für das Material des Lieferanten lautet: 6870.

Frau Schorn ist neben der Beschaffung von Hilfsstoffen für die Produktion auch für sämtliche Materialien, die für das Marketing benötigt werden, zuständig. Heute hat sie eine Rechnung für einen Messestand erhalten. Der Stand ist für eine kleine Messe angeschafft worden. Da er zukünftig nicht mehr benötigt wird, wurde er nach der Messe bereits entsorgt und ist im ERP-System mit keinem Stammdatum erfasst worden. Der Stand wurde von der WerbeMaster GmbH geliefert. Das Unternehmen ist der feste Geschäftspartner für alle benötigten Werbeartikel der Bürodesign GmbH.

WerbeMaster GmbH

WerbeMaster GmbH, Mönckebergstraße 45, 20095 Hamburg

Rechnung

Bürodesign GmbH
Dieselstraße 10
26607 Aurich

Rechnung: R-4893-431-13-1
Rechnungsdatum: (Ihr Wunschlieferdatum)
Auftrag: A-431-14
Kunden-Nr.: Bürodesign: 886-4893
Bestellnummer: telefonisch
Bearbeiterin: Frau Jansen
Tel.: +49 (0) 40754899
Fax: +49 (0) 40754890
E-Mail: jansen@werbeMaster.de

Pos.	Artikel-nummer	Bezeichnung	Menge	Mengen-einheit	Einzelpreis in Euro	Summe in Euro
1	MS6734	Messestand 2mx4m, Papier	1	St	345,92	345,92
					Zwischensumme	345,92 €
					Umsatzsteuer 19%	65,73 €
					Summe:	411,65 €

Zahlungsziel: 60 Tage

Bankverbindung: Hamburger Sparkasse
BLZ: 200 505 50
Kto.-Nr.: 98 453 223
IBAN: DE64200505509845 3223
BIC: HASPDEHHXXX

© Bildungsverlag EINS GmbH

Der Bestellprozess für den Messestand ist telefonisch, ohne vorher ein Angebot einzuholen, durch Frau Schorn angestoßen und die Lieferung von ihr persönlich überwacht worden. Im ERP-System sind derzeit keinerlei Daten zum Prozess erfasst worden. Trotzdem muss die Rechnung geprüft und im ERP-System gebucht werden. Da Frau Schorn für die Beschaffung des Messestandes verantwortlich gewesen ist, ist sie auch hierfür verantwortlich.

Frau Schorn beschließt, mit der Erfüllung beider Aufgaben den Praktikanten Torsten Menne zu beauftragen, der heute zum ersten Mal bei ihr ist.

Sie schildert Torsten die Sachverhalte und bittet ihn, sich erst einmal zu überlegen, wo er Probleme bei der Lösung der Aufgaben sieht und wie er an die Aufgaben hergehen will. Seine Vorschläge wird sie anschließend mit ihm besprechen und ihn dann bei der Umsetzung unterstützen.

Beschreibung und Analyse der Situation

In einem ERP-System sind Stammdaten die Grundlage für die Erfassung und Steuerung von Geschäftsprozessen erfasst. Damit verbundene Lagerbestandsentwicklungen und Preisentwicklungen werden mithilfe der Materialstammdaten dokumentiert.

Erläutern Sie die besonderen Probleme, die sich für die Bürodesign GmbH durch die telefonische Bestellung des Messestandes und dem fehlenden Materialstamm für den Messestand ergeben bezüglich
- der Erfassung und Bearbeitung des Beschaffungsprozesses mit dem ERP-System,
- der Erfassung von Lagerbeständen und Preisen sowie
- einer nachvollziehbaren Prozessdokumentation anhand von Belegen.

© Bildungsverlag EINS GmbH

_____
_____
_____
_____
_____
_____
_____

Überlegen Sie, ob Bestellprozesse für Rohstoffe und Hilfsstoffe ebenfalls ohne Materialstammdaten und ohne eine Steuerung des Bestellprozesses über das ERP-System realisiert werden sollten.

_____
_____
_____
_____
_____

Für die Besprechung der Ergebnisse und die Unterlagen der Schülerinnen und Schüler ist Folgendes zu beachten:

_____
_____
_____
_____
_____
_____

Stellen Sie den Beschaffungsprozess des Polsterstoffs als Wertschöpfungskettendiagramm dar. Gehen Sie hierfür vom vollständigen Beschaffungsprozess aus und prüfen Sie, ob Prozessschritte bei diesem nicht bearbeitet werden müssen.

Vollständiger Beschaffungsprozess

Lieferantenanfrage → Lieferantenangebot → Bestellung → Materialeingang → Eingangsrechnung → Zahlungsausgang

Beschaffungsprozess Polsterstoff Samt bordeaux, Material-Nr. R27PS480 vollständig:

[_____] → [_____] → [_____] → [_____]

_____
_____

Stellen Sie den Beschaffungsprozess des Polsterstoffs als Wertschöpfungskettendiagramm mit einer Verkürzung durch den gleichzeitigen Eingang des Materials und der Rechnung dar. Gehen Sie hierfür vom vollständigen Beschaffungsprozess mit der Verkürzung aus.

© Bildungsverlag EINS GmbH

Vollständiger Beschaffungsprozess mit Verkürzung durch gleichzeitigen Eingang von Material und Rechnung

> Lieferantenanfrage > Lieferantenangebot > Bestellung > Materialeingang und Rechnungseingang > Zahlungsausgang

Beschaffungsprozess Polsterstoff Samt bordeaux, Material-Nr. R27PS480 verkürzt:

> _____ > _____ > _____
>   _____

Stellen Sie den Beschaffungsprozess des Messestands dar. Entscheiden Sie dabei, ob es sich um einen verkürzten oder unverkürzten Beschaffungsprozess handelt. Begründen Sie Ihre Entscheidung.

Beschaffungsprozess Messestand:

> _____ > _____ > _____ > _____
>   _____   _____   _____

Begründung:

_____
_____
_____
_____
_____
_____
_____

Der Beschaffungsprozess des Polsterstoffs wird durch das ERP-System vollständig gesteuert und überwacht. Der Prozess für die Beschaffung des Messestandes wurde dagegen fast vollständig ohne ERP-System bearbeitet. Vergleichen Sie die Wertschöpfungskettendiagramme beider Prozesse miteinander und stellen Sie fest, ob die unterschiedlichen Formen der Prozessbearbeitung einen Einfluss auf den Prozessablauf haben. Erläutern Sie Ihr Ergebnis.

_____
_____
_____
_____

Begründen Sie, warum Bestellprozesse mit ERP-Systemen bearbeitet werden sollten.

_____
_____
_____

_____
_____
_____
_____

Planen

a) Sammeln Sie die Arbeitsschritte, die für die Umsetzung des Beschaffungsprozesses des Polsterstoffs notwendig sind, und notieren Sie diese auf Karten. Berücksichtigen Sie dabei die Erfassung aller notwendigen Stammdaten. Heften Sie die Karten in Arbeitsreihenfolge an eine Wand (Tafel).

b) Ordnen Sie den Arbeitsschritten die jeweiligen Belege zu, die zur Bearbeitung des Arbeitsschritts verwendet werden. Notieren Sie dafür die Belegnamen auf Karten in 2 Farben (Farbe 1: externe Belege, Farbe 2: selbst erstellte Belege).

c) Ordnen Sie den Belegen die Abteilungen der Bürodesign GmbH zu, in denen die einzelnen Prozessschritte bearbeitet werden. Notieren Sie dafür die Belegnamen auf Karten in unterschiedlichen Farben, je eine Farbe je Abteilung.

d) Übernehmen Sie die Übersicht von der Tafel in Ihr Arbeitsheft. Teilen Sie sich die Arbeitsschritte für eine Partnerarbeit auf. Orientieren Sie sich dabei an der Verteilung der Tätigkeiten auf die betrieblichen Bereiche. Notieren Sie diese Zuordnung für die Bearbeitung des Prozesses der WerbeMaster GmbH ebenso.

Nr.:	Beschreibung Arbeitsschritt (auf der Karte)	Beleg (blau = externer Beleg)	Unternehmensbereich
1. Schritt			
2. Schritt			
3. Schritt			
4. Schritt			
5. Schritt			
6. Schritt			
7. Schritt			

e) Stellen Sie fest, welche der Belege in der Finanzbuchhaltung gebucht werden müssen. Notieren Sie die Buchungssätze so, wie Sie diese im Unterricht kennengelernt haben. (Nutzen Sie dazu die Belege aus dem Bereich „Durchführen" dieser Lernsituation.) Gehen Sie davon aus, dass Zahlungen per Banküberweisung erfolgen.

Zu buchende Belege:

_____

© Bildungsverlag EINS GmbH

Lernsituation 8

Buchungssätze:

Konto	Betrag	Konto	Betrag
_____	_____	_____	_____
_____	_____	_____	_____
_____	_____	_____	_____
_____	_____	_____	_____

Hinweis: Der Materialeingang wird mit dem Rechnungseingang zusammen gebucht.

f) Stellen Sie die Buchungssätze für die Eingangsrechnung der WerbeMaster GmbH und der Zahlung entsprechend Ihren Kenntnissen aus dem Unterricht auf.

Buchungssätze:

Konto	Betrag	Konto	Betrag
_____	_____	_____	_____
_____	_____	_____	_____
_____	_____	_____	_____
_____	_____	_____	_____

g) Stellen Sie anhand der erarbeiteten Buchungssätze fest, welche Positionen in der Bilanz und der Gewinn- und Verlustrechnung durch die beiden Beschaffungsprozesse verändert werden.

_____   _____
_____   _____

Durchführen

a) Lassen Sie sich die Bilanz und Gewinn- und Verlustrechnung im ERP-System anzeigen und notieren Sie die Beträge der Positionen, von denen Sie vermutet haben, dass sie durch die beiden Prozesse beeinflusst werden, in Ihren Unterlagen.

_____
_____
_____
_____
_____

b) Bearbeiten Sie den Beschaffungsprozess für den Polsterstoff mithilfe des ERP-Systems einschließlich bis zum Rechnungseingang. Gehen Sie dabei davon aus, dass das Material und die Rechnung gemeinsam eingehen. Kontrollieren Sie danach den Lagerbestand des Materials und den offenen Posten des Kreditors. Verwenden Sie für die Bearbeitung des Prozesses die folgenden Daten und Belege.

© Bildungsverlag EINS GmbH

Materialstammdatum

Register Allgemein	Eingabe
Nr.:	R27PS480
Beschreibung:	Polsterstoff Samt bordeaux
Basiseinheitencode:	Meter
Artikelkategoriencode:	Sonstige
Produktgruppencode:	Sonstige
Register Fakturierung	**Eingabe**
Lagerabgangsmethode:	Fifo
Einstandspreis:	25,84
Direkte Kosten (neueste):	25,84
VK-Preis/DB-Berechnung:	DB=VK-EP
VK-Preis:	0
Produktbuchungsgruppe:	Handel
MwSt.-Produktbuchungsgruppe:	VAT19
Lagerbuchungsgruppe:	RohHilf
Rech.-Rabatt zulassen:	Häkchen
Artikelrabattgruppe:	Rohhilf
Verkaufseinheitencode:	
Register Beschaffung	**Eingabe**
Beschaffungsmethode:	Einkauf
Einkaufseinheitencode:	Meter
Beschaffungszeit:	2T
Produktionsart:	Lagerfertigung
Buchungsmethode:	manuell
Montagerichtlinie:	Lagerfertigung
Register Planung	**Eingabe**
Wiederbeschaffungsverfahren:	Auffüllen auf Maximalbestand
Reservieren:	Optional
Bedarfsverursacherart:	keine
Lagerbestand Berücksichti…	Häkchen
Minimalbestand	25
Bestellmenge	0
Maximalbestand	250
Minimale Losgröße	50
Maximale Losgröße	250
Losgrößenrundungs…	0
Register Lager	**Eingabe**
Lagerhilfsmittelcode:	HW1
Einlagerungsvorlagencode:	StD
Einlagerungseinheitencode:	Meter
Inventurhäufigkeitscode:	Normal

Lieferantenstammdatum

Die Daten für die Register Allgemein und Kommunikation entnehmen Sie bitte dem Lehrbuch S. 12

Register Fakturierung	Eintrag	Erklärung
Zahlung an Kred.-Nr.:	K70050	Kreditor, der die Zahlungen erhält
Geschäftsbuchungsgruppe:	National	Zuordnung der anzusprechenden Erfolgskonten
MwSt.-Geschäftsbuchungsgruppe:	National	Zuordnung der anzusprechenden MwSt.-Konten
Kreditorenbuchungsgruppe:	Inland	Zuordnung der anzusprechenden Kreditorenkonten und deren zuzuordnenden Sammelkonten für die Bilanz
Rechnungsrabattcode:	K70050	Code für die Rabatte des Kreditors
Steuernummer:	National	Steuernummer des Kreditoren/Kategorie

Register Zahlungen	Eintrag	Erklärungen
Ausgleichsmethode:	Offener Posten	Gezielter Ausgleich über einen offenen Posten, z. B. Zahlung wird direkt einer Rechnung zugeordnet
Zlg.-Bedingungscode:	60 Tage	Code für die Zahlungsbedingungen, Zahlungsfrist des Kreditors, Basis für die Ermittlung des Fälligkeitsdatums hier 60 Tage netto
Zahlungsformcode:	Bank	Zahlungsweise, in der die Kreditorenrechnungen beglichen werden, hier Banküberweisung

© Bildungsverlag EINS GmbH

Lernsituation 8

Register Lieferung	Eintrag	Erklärungen
Lagerortcode:	Blau	Lagerort, an dem eine Lieferung eingelagert wird; Lagerort wird bei jeder Lieferung automatisch vorgeschlagen
Lieferbedingungscode:	Optional	Code für die Lieferbedingungen des Kreditors
Beschaffungszeit:	2T	Zeit, die der Kreditor für die Materialbelieferungen benötigt
Basiskalendercode:	DE	Kalender, nach dem die Dauer des Transportes festgelegt wird
Liefermahnungsmethodencode:	Standard	Code, der allen Liefermahnungsmethoden zugeordnet wird

Register Außenhandel	Eintrag	Erklärungen
Sprachcode:	DEU	Sprache, in der mit dem Kunden korrespondiert wird, z. Angebotstexte

Bankdaten des Lieferanten

Register Allgemein	Eintrag	Erklärungen
Code:	HCGM	Wird automatisch eingetragen, Code für Bankdaten
Name:	Commerzbank Düsseldorf	Name des Kreditinstituts
Adresse:	Königsallee 37	Straße der Filiale
PLZ-Code:	40212	Postleitzahl der Filiale
Ort:	Düsseldorf	Ort der Filiale
Länder-Regionscode:	DE	Code für das Land, in dem die Filiale liegt
BLZ:	300 400 00	Bankleitzahl
Bankkontonummer:	1340000	Kontonummer
IBAN:	DE91300400000001340000	nur eingeben, wenn Feld dafür vorhanden
BIC:	COBADEDDXXX	nur eingeben, wenn Feld dafür vorhanden

Auftragsbestätigung

Hankel & Cie GmbH

Hankel & Cie: Augustastraße 8, 40477 Düsseldorf

Auftragsbestätigung

Bearbeiterin: Frau Boie
Telefon: +49 (0)211 345234
Fax: +49 (0)211 345100
E-Mail: boie@hankelcie.de

Bürodesign GmbH
Dieselstraße 10
26607 Aurich

Hiermit bestätigen wir den von Ihnen telefonisch erhaltenen Auftrag. Wir werden die Ware zum gewünschten Datum am gewünschten Ort bereitstellen.

Auftragsnummer:	Auftragsdatum:	Versand an:	Wunschlieferdatum:
14-56769 Bitte immer mit angeben.	Aktuelles Datum	Bürodesign GmbH Dieselstraße 10 26607 Aurich	Auftragsdatum + 10 Tage

Artikelnummer	Menge	Einheit	Beschreibung	Einzelpreis in Euro	Summe in Euro
6870	250	Meter	Bezugsstoff Samt Bordeaux	25,84/m	6 460,00
				Zwischensumme	6 460,00 €
				Umsatzsteuer 19 %	1 227,10 €
				Summe:	7 687,40 €

Diese Auftragsbestätigung wurde maschinell erstellt und ist ohne Unterschrift gültig.

Lieferschein

Hankel & Cie GmbH

Hankel & Cie: Augustastraße 8, 40477 Düsseldorf

Lieferschein

Lieferschein: L-14-56769
Auftrag: 14-56769
Kundennummer: 2400014
Bestellnummer: (Ihre Nummer aus dem ESP-System)

Bürodesign GmbH
Dieselstraße 10
26607 Aurich

Bearbeiterin: Frau Boie
Telefon: +49 (0)211 345234
Fax: +49 (0)211 345100
E-Mail: boie@hankelcie.de
Datum: (Ihr Wunschlieferdatum)

Pos.	Artikelnummer	Bezeichnung	Mengeneinheit	Menge	Restmenge	Liefermenge	Gewicht
1	6870	Bezugsstoff Samt Bordeaux	Meter	250	0	250	22,5 kg

Hiermit wird rechtsverbindlich der Empfang obiger Ware bestätigt.

Übernahmebestätigung:

Bis zur vollständigen Bezahlung bleiben die Produkte in unserem Eigentum.

© Bildungsverlag EINS GmbH

Eingangsrechnung

Hankel & Cie GmbH

Hankel & Cie: Augustastraße 8, 40477 Düsseldorf

Bürodesign GmbH
Dieselstraße 10
26607 Aurich

Rechnung

Rechnung:	R-14-56769
Rechnungsdatum: (Ihr Wunschlieferdatum)	
Auftrag	14-56769
Kundennummer:	2400014
Bearbeiterin:	Frau Boie
Telefon:	+49 (0)211 345234
Fax:	+49 (0)211 345100
E-Mail:	boie@hankelcie.de

Pos.	Artikelnummer	Beschreibung	Menge	Einheit	Einzelpreis in Euro	Summe in Euro
1	6870	Bezugsstoff Samt Bordeaux	250	Meter	25,84	6 460,00

Zwischensumme	6 460,00 €
Umsatzsteuer 19 %	1 227,10 €
Summe:	7 687,40 €

Zahlungsziel: 30 Tage netto

Bankverbindung: Commerzbank Düsseldorf
BLZ: 300 400 00
Kto.-Nr.: 1340000
IBAN: DE91300400000001340000
BIC: COBADEDDXXX

c) Legen Sie für die WerbeMaster GmbH das Lieferantenstammdatum mit den folgenden Daten an.

Lieferantenstammdatum

Die Daten für die Register Allgemein und Kommunikation entnehmen Sie bitte der Eingangsrechnung.

Register Fakturierung	Eintrag	Erklärung
Zahlung an Kred.-Nr.:	K70060	Kreditor, der die Zahlungen erhält
Geschäftsbuchungsgruppe:	National	Zuordnung der anzusprechenden Erfolgskonten
MwSt.-Geschäftsbuchungsgruppe:	National	Zuordnung der anzusprechenden MwSt.-Konten
Kreditorenbuchungsgruppe:	Inland	Zuordnung der anzusprechenden Kreditorenkonten und deren zuzuordnenden Sammelkonten für die Bilanz
Rechnungsrabattcode:	K70060	Code für die Rabatte des Kreditors
Steuernummer:	National	Steuernummer des Kreditoren/Kategorie

Register Zahlungen	Eintrag	Erklärungen
Ausgleichsmethode:	Offener Posten	Gezielter Ausgleich über einen offenen Posten, z. B. Zahlung wird direkt einer Rechnung zugeordnet
Zlg.-Bedingungscode:	30 Tage	Code für die Zahlungsbedingungen, Zahlungsfrist des Kreditors, Basis für die Ermittlung des Fälligkeitsdatums, hier 30 Tage netto
Zahlungsformcode:	Bank	Zahlungsweise, in der die Kreditorenrechnungen beglichen werden, hier Banküberweisung

Register Lieferung	Eintrag	Erklärungen
Lagerortcode:	Blau	Lagerort, an dem eine Lieferung eingelagert wird; Lagerort wird bei jeder Lieferung automatisch vorgeschlagen
Lieferbedingungscode:	Optional	Code für die Lieferbedingungen des Kreditors
Beschaffungszeit:	2T	Zeit, die der Kreditor für die Materialbelieferungen benötigt
Basiskalendercode:	DE	Kalender, nach dem die Dauer des Transportes festgelegt wird
Liefermahnungsmethodencode:	Standard	Code, der allen Liefermahnungsmethoden zugeordnet wird

© Bildungsverlag EINS GmbH

Register Außenhandel	Eintrag	Erklärungen
Sprachcode:	DEU	Sprache, in der mit dem Kunden korrespondiert wird, z. Angebotstexte

Bankdaten des Lieferanten

Register Allgemein	Eintrag	Erklärungen
Code:	WeMa	Wird automatisch eingetragen, Code für Bankdaten
Name:	Hamburger Sparkasse	Name des Kreditinstituts
Adresse:	Jungfernstieg 4-5	Straße der Filiale
PLZ-Code:	20095	Postleitzahl der Filiale
Ort:	Hamburg	Ort der Filiale
Länder-Regionscode:	DE	Code für das Land, in dem die Filiale liegt
BLZ:	200 505 50	Bankleitzahl
Bankkontonummer:	98453223	Kontonummer
IBAN	DE642005055098453223	nur eingeben, wenn Feld dafür vorhanden
BIC	HASPDEHHXXX	nur eingeben, wenn Feld dafür vorhanden

d) Buchen Sie die Rechnung der WerbeMaster GmbH im ERP-System. Suchen Sie dazu die passenden Konten im ERP-System heraus. Prüfen Sie danach den offenen Posten der WerbeMaster GmbH.

WerbeMaster GmbH

WerbeMaster GmbH, Mönckebergstraße 45, 20095 Hamburg

Rechnung

Bürodesign GmbH
Dieselstraße 10
26607 Aurich

Rechnung	R-4893-431-13-1
Rechnungsdatum	(Ihr Wunschlieferdatum)
Auftrag	A-431-14
Kunden-Nr.	Bürodesign: 886-4893
Bestellnummer:	telefonisch
Bearbeiterin	Frau Jansen
Tel.	+49 (0) 40754899
Fax	+49 (0) 40754890
E-Mail	jansen@werbeMaster.de

Pos.	Artikelnummer	Bezeichnung	Menge	Mengeneinheit	Einzelpreis in Euro	Summe in Euro
1	MS6734	Messestand 2mx4m, Papier	1	St	345,92	345,92

Zwischensumme	345,92 €
Umsatzsteuer 19%	65,73 €
Summe:	411,65 €

Zahlungsziel: 60 Tage

Bankverbindung: Hamburger Sparkasse
BLZ: 200 505 50
Kto.-Nr.: 98 453 223
IBAN: DE642005055098453223
BIC: HASPDEHHXXX

e) Buchen Sie für beide Beschaffungsprozesse die Zahlungsausgänge anhand des Kontoauszuges. Kontrollieren Sie anschließend wiederum die offenen Posten beider Kreditoren.

Kontoauszug

Deutsche Bank Aurich

SEPA-Girokonto	BAN:	DE07283500000067070685	Kontoauszug	492
	BIC:	BRLADE21ANO	Blatt	1
	UST-ID	DE-758403928		

Datum	Erläuterungen		Betrag
Kontostand in EUR am XX.XX.20.., Auszug Nr. 492			231 100,00 +
XX.XX.20..	Re-Nr.: R-14-56769 Auftrags-Nr.: A-56769	Wert: XX.XX.20..	7 687,40 −
XX.XX.20..	Re-Nr.: R-4893-431-14-1 Auftrags-Nr.: 431-14	Wert: XX.XX.20..	411,65 −
		Belegnummer	
Kontostand in EUR am XX.XX.20.., 12:23 Uhr			222 900,95 +
Ihr Dispositionskredit 200 000,00 EUR			

Bürodesign GmbH
Dieselstraße, 26607 Aurich

f) Lassen Sie sich im Fibu-Journal die Buchungen zu den Prozessen anzeigen und vergleichen Sie diese mit den von Ihnen aufgestellten Buchungen.

_____
_____
_____
_____

Konto	Betrag	Konto	Betrag
Buchungen Polsterstoff			
Buchung Materialeingang			
_____	_____	_____	_____
Buchung Rechnungseingang			
_____	_____	_____	_____
_____	_____	_____	_____
Buchung Zahlungsausgang			
_____	_____	_____	_____
Buchungen Messestand			
Buchung Rechnungseingang			
_____	_____	_____	_____
_____	_____	_____	_____
Buchung Zahlungsausgang			
_____	_____	_____	_____

g) Übernehmen Sie die Buchungen zum Wareneingang und Rechnungseingang des Bezugsstoffs in die folgenden T-Konten. Bestimmen Sie anhand dieser Darstellung die Aufgabe des Verrechnungskontos.

_____

h) Lassen Sie sich die Bilanz und die Gewinn- und Verlustrechnung anzeigen und dokumentieren Sie die Veränderung der Positionen in Ihren Unterlagen.

_____

Bewerten

Setzen Sie sich mit einem anderen Paar zusammen und schätzen Sie ein, inwieweit die Arbeit am System Ihren Lernprozess bezüglich der Kenntnis der Betrieblichen Geschäftsprozesse unterstützt. Beantworten Sie dazu die folgenden Fragen.

Welche Erwartungen wurden erfüllt?

_____

Welche Erwartungen wurden nicht erfüllt?

_____

© Bildungsverlag EINS GmbH

Lernergebnisse sichern und vertiefen

Denken Sie in Einzelarbeit über Ihren zurückliegenden Arbeitsprozess nach und beantworten Sie die folgenden Fragen. Erstellen Sie auf Basis der Fragen eine Zusammenfassung zur Arbeit mit ERP-Systemen in Ihren Unterlagen.

Eine standardisierte Prozesskette bei der Beschaffung von Materialien bringt folgende Vorteile:

_____
_____
_____

Die Integration des ERP-Systems wird bei der Bearbeitung des Beschaffungsprozesses deutlich durch:

_____
_____
_____
_____
_____
_____

Ein Verrechnungskonto dient:

_____
_____
_____
_____

Offene Posten dienen:

_____
_____
_____

Übung 8.1: Der Beschaffungsprozess

1 Stellen Sie für die folgenden Fälle den jeweiligen Beschaffungsprozess als Wertschöpfungskettendiagramm dar.

a) Die Bürodesign GmbH hat Überlegungen angestellt, eine neue Handelsware in das Sortiment aufzunehmen. Aus diesem Grund haben Sie u. a. bei der Meyer Büro AG eine Anfrage gestellt. Sie werden das Angebot der Meyer Büro AG aber nicht annehmen.

b) Die Bürodesign GmbH hat bei der Stammes Stahlrohr GmbH aufgrund eines besonders günstigen Angebotes Stahlrohre bestellt. Diese wurden bereits geliefert. Die Rechnung steht noch aus.

c) Die Bürodesign GmbH hat aufgrund eines Angebotes bei der Furnierwerk GmbH Buchenfurniere bestellt. Angeliefert wurden jedoch Eichenfurniere. Die Bürodesign GmbH hat diese zurückgesendet und erwartet nun eine neue Lieferung.

2 Im Rahmen eines Beschaffungsprozesses werden unterschiedliche Datenkategorien verarbeitet. Ordnen Sie den folgenden Daten den jeweiligen Typ zu.

a) Bestellmenge: _____

b) Name eines Materials: _____

c) Lieferantenadresse: _____

d) Lieferdatum: _____

e) Preis des Materials: _____

Übung 8.2: Belegablage

1 Sie haben die folgenden Belege zum Beschaffungsprozess bei der WerbeMaster GmbH erhalten. Bringen Sie die Belege in eine chronologische und eine kaufmännische Reihenfolge. Bestimmen Sie die für diesen Fall ideale Ablage.

WerbeMaster GmbH

WerbeMaster GmbH, Mönckebergstraße 45, 20095 Hamburg

Bürodesign GmbH
Dieselstraße 10
26607 Aurich

Rechnung

Rechnung	R-4893-431-13-1
Rechnungsdatum	(Ihr Wunschlieferdatum)
Auftrag	A-431-14
Kunden-Nr.	Bürodesign: 886-4893
Bestellnummer:	telefonisch
Bearbeiterin	Frau Jansen
Tel.	+49 (0) 40754899
Fax	+49 (0) 40754890
E-Mail	jansen@werbeMaster.de

Pos.	Artikel-nummer	Bezeichnung	Menge	Mengen-einheit	Einzelpreis in Euro	Summe in Euro
1	MS6734	Messestand 2mx4m, Papier	1	St	345,92	345,92
					Zwischensumme	345,92 €
					Umsatzsteuer 19%	65,73 €
					Summe:	411,65 €

Zahlungsziel: 60 Tage

Bankverbindung: Hamburger Sparkasse
BLZ: 200 505 50
Kto.-Nr.: 98 453 223
IBAN: DE6420050550984553223
BIC: HASPDEHHXXX

Deutsche Bank Aurich

SEPA-Girokonto	BAN:	DE07283500000067070685	**Kontoauszug**	492
	BIC:	BRLADE21ANO	**Blatt**	1
	UST-ID	DE-758403928		

Datum	Erläuterungen		Betrag
Kontostand in EUR am XX.XX.20.., Auszug Nr. 492			231 100,00 +
XX.XX.20..	Re-Nr.: R-14-56769 Auftrags-Nr.: A-56769	Wert: XX.XX.20..	7 687,40 –
XX.XX.20..	Re-Nr.: R-4893-431-14-1 Auftrags-Nr.: 431-14	Wert: XX.XX.20..	411,65 –
		Belegnummer	
Kontostand in EUR am XX.XX.20.., 12:23 Uhr			222 900,95 +
Ihr Dispositionskredit 200 000,00 EUR			

Bürodesign GmbH
Dieselstraße, 26607 Aurich

2 In der Dokumentenablage wird zwischen den Formen Lose-Blatt-Ablage und geheftete Ablage unterschieden. Beschreiben Sie die beiden Ablageformen und ordnen Sie der Dokumentenablage für die WerbeMaster GmbH die passende Art zu. Begründen Sie Ihre Antwort.

Bildquellenverzeichnis

Innenteil:

Behrla/Nöhrbaß GbR, Foto Stephan, Köln/Bildungsverlag EINS: S. 7.1, 28.1, 45.1, 69.1, 75.1, 89.1, 100, 104, 113, 124.1, 152.1, 167.1
Bisnode Deutschland GmbH, Darmstadt: S. 67.3
EOS Holding GmbH, Hamburg: S. 68.1
Fotolia.com, Berlin: S. 7.2 (Kara), 29.1 (scusi), 36.1 (Sport Moments), 46.1 (Janina Dierks), 46.2 (Dron), 48.1 (st-fotograf), 48.2 (Roman Burlacu), 48.3 (contrastwerkstatt), 49.1 (Birgit Reitz-Hofmann), 49.2 (www.choroba.de), 60.1 (fischer-cg.de), 67.1 (thomas222), 67.2 (Visual Concepts), 74.1 (contrastwerkstatt), 89.2 (beermedia), 95.1 (contrastwerkstatt), 124.2 (Vieloryb), 124.3 (GRAPHIC), 127.1 (Vieloryb), 127.2 (GRAPHIC), 136.1 (Dmitry Koksharov), 138.1 (Dmitry Koksharov), 145.1 (Kzenon), 147.1 (Aaron Kohr), 147.2 (styleuneed), 151.1 (Anna-Magdalena Schnauß), 152.2 (GRAPHIC), 160.1 (Stauke), 164.1 (Alessandro Capuzzo), 167.2, 168.1, 168.2 (kaipity), 174.1, 174.2, 175.1 (Dmitry Koksharov), 176.1, 180.1, 180.2, 181.1 (kaipity), 182.1 (svort)
MEV Verlag GmbH, Augsburg: S. 34.1
Verlag C.H. Beck oHG, München: S. 61.1, 61.2

Umschlag: MEV Verlag GmbH, Augsburg

© Bildungsverlag EINS GmbH